LOCUS

LOCUS

林鴻麟 著　旅行的定義

L'esprit de voyage

「為什麼喜歡旅行？」常常有人這樣問我。

為了回答他們這個問題，我寫了這本書。

而且，要不是我的編輯——優質、未婚、沒小孩；為了感謝她，我決定寫出她可能不願透露的名字，反正版權頁也可以找到——阿月阻止我，這個問題的答案將沒完沒了，這本書將永遠無法出版。「夠了。太厚的書成本高、定價貴，會少很多人買！」（一心想成為暢銷書編輯的）她說。

旅行對我而言，已經不只是一種生理和心理的需求，它幾乎是我生活的全部，這連阿月都沒有辦法阻止我（她也不會這麼做，她說很想跟我一起走——我發誓我們之間沒有曖昧關係）。

即使不是「在路上」，我也是以一種旅行的態度在過日子；只要我願意，走在自己家附近的街上也都能以旅行的心態，像個好奇的小孩一樣，因為發現新事物、學到新知識而感受到旅行所能帶給我的喜悅；更別說是真正出遠門的旅遊了，認真算來，我一年至少有四個月的時間在外面旅行，讓認識我的人想掐死我，他們嫉妒！

我親愛的讀者們，請不要嫉妒我。

我是個愛分享的人，藉由書寫，我毫無保留地提供我的旅遊經驗，只要你願意，也能像我一樣享受旅行帶來的極大樂趣。

我已經寫過一本叫做《你家沙發借我睡》的書來傳授我的「沒有錢也要去旅行」的祕笈（非廣告：還沒有買那本書的人趕快去買）：藉由接待外地來的陌生人，感覺自己好像也去他們所來的國度旅行過了；出去玩的時候也總是依賴陌生人提供的住處與其他幫助才得以成行；經由「免費沙發」之名、行文化交流之實的結果，旅行於是更深入，樂趣也更多。

而在這本書裡，我變本加厲地提出更多不同的旅行方法，一定要讓那些有很多藉口、說很想旅行卻一直無法成行的人閉嘴出走！

自從當了沙發客之後，我就一直以這樣的方式在旅行，也以這樣的身分在我所

住的城市接待旅人。得感謝我的沙發主
人們，他們不但提供我睡覺的地方（很
多都比我自己家裡舒服），還讓我體驗
了旅行時最喜歡的「道地的生活」；也
要感謝我的沙發客，他們提供的旅行經
驗，讓我知道更多旅行的方式，我在這
裡把從他們身上「偷」來的新知也一起
跟你分享了。藉由我的旅行經驗，加上
我所洩漏的發生在別人身上的故事，這
本書得以完成（雖然還沒得獎，請容我
在此也感謝我的美編，以及，再一次，
我的父親母親）；而你也能在讀完之後
得到「旅行是什麼？為什麼要旅行？」
這些問題的答案。不要再來問我了！

「如果因為現實的因素不能出國旅行怎
麼辦？」也有人這樣問我。
「誰說旅行一定要出國？」我常常會這
樣以另一個問題作為回答。不過在這本
書裡，我得以詳細地以自己的旅行經驗
讓問這個問題的人知道：所謂的旅行，
不是單單指出國去玩，其實在自己的城
市都能旅行，甚至在自己心裡都能旅
行。而既然我花了許多時間，歷經腰酸
背痛、眼睛幾乎脫窗、電腦死亡、眾叛

親離（因太久沒聯絡及閉關拒絕見面）
等過程，辛苦寫出來告訴你了，請耐心
讀下去。

「真羨慕你的勇氣！」更多人這樣對我
說，終於不是個問題了。
不過我還是會把這個讚嘆句當成問題來
這樣回答他們：我做的是我喜歡的事，
這不需要勇氣；如果哪一天我必須朝九
晚五的做我不喜歡的工作，那才需要勇
氣！

「旅行到底是什麼？」這不是別人問
的，是我自己。
經過了這麼多的旅行，也一直以旅行的
態度在生活，我終於可以為我的旅行下
個定義：旅行，是不斷學習與成長的過
程。
而既然我們一直在學習與成長，其實，
我們也一直在旅行。
人生，就是旅行。

旅行的定義

目次

3.Turquie 土耳其的呼愁_____ 4.Egypt 出埃及記_____5.Noueiba 西奈半島三杯茶____

三毛的《撒哈拉的故事》是我的旅行啓蒙。許多年後，我終於踏上了這一片沙漠。

旅行是一趟緬懷逝去的偶像的過程。

一九九一年一月五日，當媒體報導女作家三毛成功地結束自己生命的那天早上，我的兩個好朋友打電話給我，他們怕我也會跟著我永遠的偶像到另一個世界去。

我的沙發主人娃索依豪華的家裡有個美麗的游泳池。

「放心，我還沒去過撒哈拉沙漠呢！」我這樣告訴他們。

三毛是我的旅行啓蒙者，她的《撒哈拉的故事》喚醒了所有存在我體內的流浪因子，即使在多年後的今天，仍然給我無數敢於冒險的勇氣。

當Easyjet航空公司宣布增加巴黎到摩洛哥的馬拉喀什（Marrakech）航線之後，我馬上去訂了一張廉價的來回機票，時間是八個月後，撒哈拉沙漠即將進入燠熱難忍的盛夏五月中旬。

摩洛哥駐法辦事處的簽證官告訴我，辦理簽證通常需要兩個月的時間，而我去申請簽證的時候距離我的出發日只有六個星期，我的摩洛哥之旅可能會無法成行。出發的前兩天，我還沒收到簽證通知，只好去辦事處直接找簽證官面談，我說無論如何我一定要去，如果他想收賄的話，我沒有錢！結果他當場就給了我簽證。

當飛機抵達馬拉喀什機場的時候，我簡直快哭了，我離撒哈拉沙漠不遠了！

結果海關竟然以我在入境表格國籍欄上填寫台灣而護照上卻印著「中華民國」而不讓我入境！我氣沖沖地要求見更大的官，結果是我必須在國籍欄上填寫「中國」，以跟護

照相同，這時候我已經沒有什麼國家意識了，我要去撒哈拉沙漠，沒有什麼事可以阻擋得了我！要我寫火星我也會寫。於是我的入境單上的國籍被從「Taiwanese」改寫成「Chinese」之後，我順利通關，抵達了馬拉喀什。

馬拉喀什

我在摩洛哥的第一張沙發在這棟傳統的riad四合院建築裡。

我的沙發主人娃索依請傭人把我帶到一間豪華的riad，這是一種摩洛哥傳統的建築，阿拉伯文是「花園」的意思，有點像中國的四合院，密閉的房子圍繞在一個花園噴泉四周。我在做旅遊功課時，還想說要省吃儉用兩個星期，最後一天要花錢住在riad裡，奢侈地感受住在當地高級傳統建築的氣氛，沒想到這個心願在第一天就讓我免費達成了！娃索依給我的房間比想像中的高級飯店還豪華，她家裡還有一個室內游泳池，「需要什麼都可以請傭人幫你。」她在信裡這樣告訴我，讓我受寵若驚。

狄瑪愛佛納廣場上的柏柏人說唱表演。

娃索依當晚有家庭聚會，我於是自己到市中心閒晃。說狄瑪愛佛納廣場（Djemaa el-Fna）廣場是全世界最大的舞台並不為過，這裡每天晚上都有街頭藝人表演著各種精采的戲碼，他們不是穿著奇裝異服站立等人給錢，而是像我小時候夜市裡的賣藥郎中一樣提供各種表演，有小女孩表演軟骨功、噴火的壯男、吹著很難聽且不成調的笛子的樂師、敲鼓耍鈴鐺的彩衣人……最多的是突尼西亞原住民柏柏人（Berbers）的說書團，他們一邊表演傳統

音樂、一邊說故事，還有小孩與公雞等動物加入表演的行列，觀眾們圍著他們席地而坐，個個聽得入迷，高潮處還有女人尖叫和小孩被嚇哭。聽完一個故事丟個幾分錢，走幾步繼續聽下一個團的另一個故事；即使聽不懂，我都覺得生動有趣。還有幾個被我拒絕的蒙面算塔羅牌的女人，不是我不相信她們，而是我怕聽不懂她們的阿拉伯話，剛剛抵達的我只會說：「你好！不要！謝謝！再見！我餓了！」怎麼讓人算命呢？被我拒絕的還有一個要我五十先令摸他的蛇的賣蛇男，我怕摸了蛇會情不自禁地當場與蛇共舞。

souk一角，這一區專賣家用五金，可以看到老師傅在工作，現場打鐵製鍋。

廣場上還有美食區，就像台灣的夜市，廉價、好吃，選擇又多，鮮榨柳橙汁便宜得像不用錢的一樣，老闆還對我眨眼睛，問我要不要來一節「按摩」！我大吃一圈之後，馬上把這個廣場排到威尼斯的聖馬可和西耶納（Siena）的廣場之前，成為我最愛的廣場。

然後我才想起要小心錢包，幸好它還在我的背包深處，連我都幾乎找不到它。

廣場上還有許多蒙面並且全身包裹在黑衣黑袍下的女人向我乞討，這倒讓我想到如果我不慎錢包被偷、盤纏用盡後，也可以如法炮製，把自己包得跟她們一樣，在廣場上跟觀光客要錢，我以前戲劇課學老太婆走路的訓練可以派上用場！

回到娃索依的家中，我一一欣賞房間裡的細節，不斷對鏡自拍，忽然這時候有人開門進來，一個五十來歲的婦人，

街上常常會出現這樣的公共供水站，鑲嵌著穆斯林象徵圖案的磁磚。

我喜歡到當地工人階級會去的小吃店，總覺得那裡的食物更道地。

披披掛掛的裝扮讓我馬上想起三毛，原來是娃索依的媽，薇若妮卡。她住在撒哈拉沙漠，剛好也來探望女兒，女傭把我錯帶到她的房間了！

薇若妮卡見到我先是吃驚，卻又覺得跟我前世已經相識。這個為了要到處流浪而拋家棄子的法國女人，跟子女們很久才見一次面，她環遊世界一大圈之後，來到撒哈拉沙漠找到了前世的鄉愁，於是就在那裡定居下來。她也是沙發客的會員，說可以帶我進沙漠，我們兩個氣味相投，我也相信這一定會是一趟愉快的旅行，不過因為我已經請另外一個沙發客幫我訂了沙漠行程，我決定信守約定，跟薇若妮卡相約將來再續此緣。

因為前一晚睡得很好，第二天，我早早就起床了。在souk（阿拉伯文的「市集」）還沒開門前我到處閒晃，找一家當地工人上工前光顧的小吃店解決我的早餐，比手畫腳點了個濃湯和大餅再加上一杯甜死人的薄荷茶，大家都很善意地對我微笑道早安，有些甚至投以憐憫的眼神，大概心想：這個不怕死的亞洲人可能很快就要拉肚子了！我還在一家鮮榨果汁店喝了兩杯柳橙汁和一杯綜合果汁，反正便宜得像免費，老闆還問我要不要來一節按摩，我的臉真的長得很需要按摩嗎？而且怎麼所有商店都兼做按摩生意呢？連向路人問路都會被這樣建議，這已經是我第八次被這樣問了！

在摩洛哥有兩個中國人很有名，李小龍和成龍，幾乎所有

青少年和成年男人都是功夫迷，很多小孩和老人看到我都
會開玩笑地對我比出李小龍在〈精武門〉裡準備開打的架
式，或者在對街喊我Jacky Chang！我像嗎？

商人則是一直對我Ko Ni Gi Wa，而如果我禮貌微笑回
答他等於是給他有商機的期待，如果我答應他的邀請，
進去他店裡喝茶，那麼我就給自己找麻煩，因為他們總是
有辦法能讓你買東西，不買休想走出來！我就在一間貝督
因人的藝品店待上了超過一個小時，試穿了各種衣服還拍
照留念，過程像是廉價色情片，最後買了個手工鑲木銀手
環和一條可以綁成貝督因人頭巾（faerlol）的長布（ch-
ache）才能全身而退。熱情的商人馬布魯克還邀請我去
他老家跟他家人吃飯，還說他哥哥在費斯城（Fes）有房
子可以讓我免費住，晚上下班還要帶我去逛街，而所有這
些邀請當然都是空頭支票，這是我在好多天後才領悟到的
事實，因為所有商人都這麼做，等你買完東西付了錢他就
忽然失憶不認識你了！爭相好心來跟你搭訕帶路的小孩最
後一定會跟你要錢，在這個窮國家，原來陌生人的慈悲必
須用金錢來交換。

一切的一切對我而言都是陌生的，三毛的書中並沒有記
載，這也難怪，三毛到撒哈拉沙漠已經是三十年前的事
了，而且她所到的是位於西撒哈拉的阿尤恩（撒拉威阿拉
伯民主共和國的首都）跟馬拉喀什一點關係也沒有。

不過我倒是清楚記得三毛去偷看柏柏人洗澡的故事。雖然
我並不想如三毛所描述的洗個清腸清胃徹底體內大掃除的

傳統摩洛哥建築的大門。

警告：不要接受商家的邀請進去喝
茶，否則不把整間店買下無法脫
身。

馬拉喀什舊城區的街道像迷宮。

柏柏浴，摩洛哥著名的蒸氣澡堂（hammam），我可不想錯過。

在參觀了惡臭瀰漫的皮革製作工廠後，我決定去洗個蒸氣浴。通常在澡堂入口都會有幾個專門騙觀光客的騙子，主動跟隨帶領你去做一些你本來就會的事：買票、入場教你怎麼脫鞋寬衣進澡堂，然後強迫你給導覽費，順便強力推薦「什麼都做」的按摩，只要十歐元，我只想賞他兩巴掌！

Dar el-Bacha（註一）是傳統的土耳其浴室，這個由鄂圖曼土耳其帝國傳來的習慣在摩洛哥被發揚光大，我後來去了土耳其和埃及等阿拉伯國家，想找間這樣的澡堂都很不容易。在摩洛哥，到hammam洗蒸氣浴還是很受歡迎的休閒活動，便宜到連當地人都負擔得起，如果沒有被不肖分子欺騙，你甚至會覺得像不用錢的一樣。澡堂裡煙霧瀰漫、男體橫陳（我去的時段）、熱氣環抱。

一對父子一直好奇地看我，小男孩不斷對我微笑，爸爸幫孩子搓完背之後，示意要幫我搓搓看，我看他們的樣子不像是假搓背真賣淫的父子檔，況且他們大概一句外國話也不會講，又沒提到「按摩」這個字眼，我於是安心地別過身去，讓他開始搓去我身上的「仙」，一座山似的角質層被搓下來後，我頓時覺得身體輕盈，加上熱氣讓我變得更加柔軟，我開始舒服地動動身子，一個不注意腳就抬到頭後面去了，小孩子竟也有樣學樣，把自己的腳抓起來努力要把它搬到頭上去，這時候牆上應該要出現像電視跑馬燈一樣，有個「危險動作，兒童請勿模仿」的警語才是。

註一｜
Dar el-Bacha
地址：20 rue Fatima Zohra，
營業：全年無休。
男客入浴時間為凌晨四點至十二點，以及晚上七點至十二點。
女客入浴時間為中午十二點至晚上七點。

清真寺的院子裡通常會有一個水池，讓穆斯林淨身之後入內禱告。

傍晚我還找了另一個沙發客出來吃飯，阿布戴爾（意思是上帝的奴隸）是貨真價實的摩洛哥人，彬彬有禮，竟然用「您」來稱呼我——一直忘了告訴你，在摩洛哥法語也行得通，在馬拉喀什，法國人可能人比本國人還多！

tajine是摩洛哥傳統料理，將肉與蔬菜和香料放入一個圓尖塔型的陶鍋裡久煮，融合其味而成的一道美食。

阿布戴爾先用他的摩托車載我到新市區參觀，然後去Jardin de la Menara花園，花園裡結實纍纍的橄欖樹下有很多人在野餐，我看了感到巨大的餓。

但是必須等到虔誠的阿布戴爾做完第五次的禱告之後，我們才找到一家餐廳用餐。在摩洛哥，非回教徒是不能進清真寺的，下午的時候，我就在一家清真寺門口被攔截下來，「穆斯林才能進去！」守門員說。「我是穆斯林啊！」我為了想看清真寺長什麼樣子而臨時變節，守門員不相信而要求我念一段穆斯林都會的阿拉伯祈禱文（內容大概是「阿拉是唯一的真神，穆罕默德是偉大的先知」之類的），我被這一問嚇傻了，杵在那裡好幾秒，要不是他的咒罵聲把我喚醒，我還可能會變成石雕。「我要去尿尿！」我說了馬上跑。

這種尖型陶鍋稱為tajine，是摩洛哥的特殊料理方式。

阿布戴爾引領我到一家還頗像樣的餐廳用餐，我讓阿布戴爾幫我點菜，只要是當地人喜歡吃的我都要試試看，他幫我點了美味的羊肉tajine，我堅持請客以報答他的伴遊，結果為我們兩個人付的錢竟然比旅遊書上寫的單人價錢還少！在摩洛哥，觀光客必須付比較多的錢這件事很令人討厭，雖然我知道這個國家窮，而且其實即使付比當地人多

阿布戴爾還載我去參觀從前猶太人
聚集的Mellah區。

的費用都不算貴，卻還是會因為受到不平等待遇而感到些
許憤怒。後來我的原則是開天價要讓我殺價的東西我一定
不買，開價誠實的我一定不殺價；我並不會因為以商人所
開出的十分之一價錢買到我不需要的東西感到快樂，卻會
因為以小錢幫助誠實的人感到喜悅。

阿布戴爾問我為何來到摩洛哥，我說為了三毛夢中的橄欖
樹，解釋完這個理由，我也該回豪華的Riad睡覺了。隔天
阿布戴爾還騎摩托車來接我去搭巴士，我跟他約好了十天
後見，我離開摩洛哥前會去他家裡住上兩天，他知道我喜
歡爬山，還承諾了要帶我去屬於圖卜卡勒（Toubkal）山
脈的歐瑞卡（Ourika）瀑布健行。
然後我就往三毛的「前世的鄉愁」撒哈拉沙漠前進了。

哇砸吒

巴士翻山越嶺，有女人帶雞上車，一路上所經大都是荒郊
野外的無人之境，偶爾看到有人在默默地走路，有幾個女
人蹲在路邊嚼刷牙棍，有更多女人在辛勤地工作，背馱牧
草還兼頭頂重物，據說柏柏族裡只有女人在工作，跟我在
巴士上看到的景象完全相符。
我在哇砸吒（Ouarzazate）下車，覺得這個城市應該是
出現在布袋戲裡才會取這樣的名字，不過事實上哇砸吒可
是非洲的寶萊塢，這裡有巨大的電影城，許多好萊塢大型
製作都是在這裡拍攝的，喜歡看電影的人應該對這裡的

風景並不陌生，〈阿拉伯的勞倫斯〉、〈星際大戰〉、〈神鬼戰士〉（The Gladiater）、〈神鬼傳奇〉（The Mummy），連講述達賴喇嘛的〈達賴的一生〉（Kund-un）都是在這裡拍的。當然我來這裡的目的不是為了參觀電影城，而是因為哇砸吒是沙漠的入口。而且這裡的古城 Aït Benhaddou 也於一九八七年被聯合國教科文組織（UNESCO）列為世界文化遺產。

說是沙漠的入口，其實只是字面上的意思，哇砸吒離撒哈拉沙漠還有將近七個小時的車程，不過因為我在哇砸吒找到了一個願意收留我過夜的貝督因人穆罕默德，覺得能跟住在城市裡的游牧民族度過一夜應該也是一種感受。穆罕默德還幫我預訂了他叔叔一家人所經營的小型導遊公司帶我進沙漠。

去哇砸吒的途中，經過如夢境般的風景，遠遠地我似乎看到了三毛夢中的橄欖樹。

穆罕默德把我接到家中之後，她母親已經準備好下午茶等著我了。他們家裡很現代化，客廳裡有電視，那是他們一家人生活的重心，四方形的客廳裡，電視占據一面牆，另外三面牆則沿著牆壁鋪滿座墊，中間是一張大地毯，地毯中央有一張可以移動的小桌子。穆罕默德有三兄弟和兩姊妹，男人通常聚集在主客廳看電視，女人則在另一間起居室做家庭手工什麼的，我只在穆罕默德的一個妹妹端菜來客廳的時候見過她一面，吃飯是男女分開的。

穆罕默德的母親以女主人的身分跟我們一起喝下午茶，他的妹妹們則一直躲著不能見到男人，我也沒有要跟他妹妹打招呼的意思，怕因為這樣做會讓自己馬上多了兩

我信步晃蕩到觀光客罕至的住宅區，發現了更真實的當地生活，沒有商人的強迫推銷，即使多了殘酷的現實（摩洛哥人的生活比起西歐太過艱苦），我也因看到當地人以平常心活著而覺得人生是美好的。

穆罕默德的母親為我們的下午茶烤
的大餅。

個老婆。他們為我介紹摩洛哥人喝茶的習俗，將一種稱為
aalque的結晶糖從柱狀體上敲下來放入茶中，據說這被
視為保健珍品，我說我爹也會把蛇或者虎頭蜂蛹泡到酒裡
喝，應該也有異曲同工之妙，穆罕默德幫我翻譯之後，大
家都給我一個驚訝的眼光。喝茶的時候只有一個杯子，旁
邊放著一桶水，一人喝完先洗杯子再傳給下一個人喝，輪
流喝完之後再喝第二輪，不知為何這讓我想到「歃血為
盟」，可是我不敢告訴穆罕默德，免得他們把中國人當怪
物。配茶的甜點是大餅蘸上穆罕默德他媽媽自製的小黃桃
果醬。我們就這樣圍坐在電視機前喝茶、看足球賽，一邊
聽所有人跟我解釋回教，他們真的從心裡相信回教是唯一
的好宗教。忽然間電視上竟然出現唱誦《可蘭經》能手
Faris Aabad念《可蘭經》的畫面，除了我以外，在場的
所有人都跟著念，看到他們臉上愉快的神情，我覺得這樣
的畫面真是美。我趁機請穆罕默德教我用阿拉伯文念一段
祈禱文，這樣我下次要騙清真寺的守門員時，才不會出
包；穆罕默德不但教我這個通關密語，還在跟他父親商量
後，答應要在晚上教我如何淨身、穿上他們去清真寺禱告
所穿的正式服裝，帶我跟他們進去清真寺禱告，只要我答
應肅靜地在一旁觀看，尊重整個虔誠的氣氛，喜歡分享的
村民應該不會反對。

我於是先去浴室，自己清洗下體（前後都要洗），然後到
客廳讓他們教我淨身，這個稱為wudhu的儀式包括：洗
右手三次直到手腕包括手指和手指之間、再洗三次左手、

以右手取水漱口然後把水吐掉、以鼻吸取右手的水後噴出然後用左手拭去鼻子上的水，如此洗口鼻三次、從髮梢至下顎，再從一耳到另一耳洗臉三次、洗右手臂三次、洗左手臂三次、雙手沾水從額頭撥洗頭髮至頸部一次、用食指尖旋挖入耳朵然後用拇指搓耳背由下往上一次、洗右腳直到腳跟，用小指洗各腳趾間三次、同樣方式洗左腳三次（看到這麼詳細的記載，誰還敢說我不是一個認真做筆記的旅行者呢？）。洗的時候還要邊念Bismillah（阿拉的眾多名字之一），洗完還要念一大段祈禱文，這當然是由他們幫我念，念起來像在唱歌很悅耳。然後穆罕默德讓我穿上潔白的長袍，帶著我和他的弟弟們去村子裡的清真寺做這一天第五次的禱告，女人們則留在家裡禱告，之後準備晚餐。

穆罕默德讓我穿上他們的正式衣服，帶我進入清真寺。

清真寺裡除了祥和的氣氛和虔誠的回教徒以外幾乎空無一物，沒有可供崇拜的偶像，只有一個指示聖地麥加方向的門狀神龕和一個偶爾給主祭者講經用的講台，地上鋪滿了地毯（所以必須脫鞋）。一群虔誠的男人一起禱告，包括一個膜拜熟練的六歲小孩和一個學著做的三歲小男孩，整個晚禱過程沒有宗教激情，只有每個人心裡與阿拉的私密沉默對話，很多人因為勤於磕頭而前額有個黑印記，看到這群人虔誠地跪拜，連我都要覺得真有阿拉的存在，阿拉很照顧祂的子民，在天上或某處提醒我們，晚餐的時間到了！

跟穆斯林一起吃飯前，先有一個洗手的儀式，然後用手抓食物入口。

晚上九點半，我以為可以開始晚餐了，沒想到這時穆罕默德家裡來了多年未見的親戚，他們從撒哈拉南部搭了很久的巴士才到哇砸吒，也沒有先打電話來通知，這讓穆罕默德一家完全陷於驚喜之中，他母親於是決定馬上準備大餐，因此我們的晚餐很晚才開始。男女分開吃的晚餐非常豐盛，我們洗手之後開始用手抓食物吃，先吃couscous小米飯配什錦蔬菜湯，再吃tajine燜燉羊肉，因為有八個男人，所以肉被分成八份在大盤中排成圓圈，二弟馬布魯克要我說出個十二以上的數字，我說「十七」，他開始指著肉數數兒，被數到第十七的那塊肉是我的，然後從我右邊開始分配其他肉給其他人，回教徒吃飯禮數還真多！

吃完飯後上水果，妹妹端水果進客廳後馬上奔出去，不敢看我一眼，好像如果看了就會被許配給我似的。

晚餐後我和馬布魯克出去閒晃，在街上遇到他坐在輪椅上的舅舅，他事先知道我要來，用粉彩筆畫了一幅鳥要送給我，正拿著那幅畫推著輪椅要去穆罕默德家親手交給我，這讓我感動得差點趴在他殘廢的腿上哭。

晚上所有男生都睡在客廳的座墊上，睡前我感謝穆罕默德和他家人給了我最最美好的一天，並告訴他：我一想到明天將要去撒哈拉沙漠騎駱駝就興奮。
「你沒有要騎駱駝啊！牠們只是用來幫你背水、食物和行李的。」穆罕默德一語驚醒夢中人。
我的心都碎了。

1

2

3

1｜狄瑪愛佛納廣場上，在夜市前面算命的女人。

2‧3｜惡臭瀰漫的製皮革工場，我必須在鼻下放一束薄荷葉才能呼吸，而皮革工人和他們的孩子因為住在那裡，久而不聞其臭。

4｜馬拉喀什郊區的Jardin de l'Agdal裡有廣大的橄欖園。

5｜國王的行宮並不對外開放，只能從外觀想像它的奢華。

4

5

撒哈拉沙漠

是的，親愛的三毛，我終於來了，你的前世的鄉愁終於鋪展在我眼前。

哇砸吒鎮外是一望無際的荒野，穆罕默德游牧的故鄉則在更遠的沙漠裡。

巴士開了七個小時左右，終於到了車子可以抵達的最後一個村落，Mhmid。

穆罕默德的堂弟法魯克把我接到他家去，跟他家人一起在院子裡喝茶，我心裡直覺這家人對我像對待顧客般敬而遠之。喝完茶，法魯克帶我去村子裡閒晃，遇到他的朋友哈瑪帝，這個小村子裡所有人彼此認識。哈瑪帝知道我是穆罕默德的沙發客感到分外親切，他們同學情深，卻已經很久沒見面了，我也覺得跟他一見如故，他於是邀我去睡他所經營的露營區，原本對我有點冷漠的法魯克也帶上了吉他加入，還有幾個與他們幾乎同齡的朋友，我們就著燭光聊天歡唱，他們要我唱一首中文歌來聽聽，想也知道我唱的是什麼！

「不要問我從哪裡來，我的故鄉在遠方，為什麼流浪？……為了我夢中的橄欖樹。」我記得這是我高中音樂課考試所唱的自選曲，因為這首歌不斷地在我內心裡唱著，我追尋著三毛的足跡，來到了撒哈拉沙漠。

隔天一早就起床準備進沙漠，法魯克臨時決定不跟我走，只讓駱駝師穆罕默德帶著我和兩隻駱駝進去，我即將跟一個語言不通的貝督因人在沙漠裡走四天。幸好哇砸吒的穆

跟著我的駱駝師、帶上兩匹駱駝，
我們往沙漠出發了。

罕默德給了我詳細的行程，以他從前帶人進沙漠的經驗幫我畫出四天的路線圖，在我的堅持之下，法魯克才要求駱駝師照著我的行程走，本來他們還想對我呼攏了事，因為我只有一個人，讓他們沒賺頭，這壞了我的心情，但也只好接受事實。付了錢之後，我才知道他們刪減了我應有的帳棚，我必須像貝督因人一樣直接睡在沙地上！我開始懷念起薇若妮卡，她說的沒錯，摩洛哥的商人不值得相信。而我信守諾言的結果居然是被欺騙與始亂終棄！

我穿上了貝督因人的傳統服裝，綁上了我在馬拉喀什買的布帽，像極了阿拉伯的勞倫斯，跟穆罕默德帶上兩隻駱駝往沙漠走去。

第一天，一開始還看到六個人，其中五個是一個沙漠參觀團，三個法國觀光客和他們的導遊加駱駝師兼廚師，另一個是帶著三十三隻羊的貝督因婦女，她帶著她的羊群要去買菜！跟這些人短暫地相遇又離別，再遇到人已經是三天之後的事了。我以為一路上至少會遇到幾個游牧民族，但兩天之後我就得到了一個殘酷的結論：被我們稱為no-made的游牧民族已經不再游牧了，他們都在綠洲城鎮有了固定的房子，而且一個比一個愛錢，彷彿只要你願意給錢，連他娘都可以賣給你做奴隸！

沙漠裡並不是想像中的只有沙，事實上要看到綿延不斷的沙丘必須走上兩天。我們總是一大早就開始行走，要在日正當中欲熱昏人之前找到一棵有蔭的樹，然後在樹下午

餐，接著午睡，等到太陽不再毒烈才又繼續走。

沙漠裡有許多小樹，駱駝就以它們為食物。沙漠裡的天氣多變，雖然一直是豔陽高照，但是常有風暴吹起沙塵瀰漫整個世界，伸手不見五指，要不是有認識路的貝督因人，我應該早就迷失方向。我問穆罕默德他是怎麼認路的？他用法語夾雜英語和阿拉伯語告訴我：認樹。因為沙漠裡高大成蔭的樹不多，可以利用它們來做地標。這也太神奇了，那伸手不見五指的沙暴來襲時我們還繼續走，他是怎麼認路的呢？「靠運氣！」他說，難怪他們要信阿拉！

沙漠裡偶有小樹，它們是駱駝的食物。

在沙漠中行走無疑是辛苦的，我每次一找到大樹，都覺得自己快渴而死了，穆罕默德卻還得幫我燒水泡茶、準備午餐，我吃飯的時候他就偷偷去禱告（他一天會這麼做五次）；在我午睡活過來之後又繼續帶領我走到夕陽西下，然後他又得為我燒水泡茶並準備晚餐，然後撿樹枝燒火讓我取暖，晚上沒有太陽照射的沙漠，氣溫急速下降，我必須把自己全身包裹，臉和頭也不能露出地睡覺。

但是這樣的辛苦是有收穫的，我每天看著最美的日出和日落，看沙漠裡光線的千變萬化，最令人屏息的是當太陽從地平線隱沒之後，轉頭往另外一邊看，一輪大明月正好緩緩升起，我這輩子沒見過這麼大這麼清明的月亮，不是海市蜃樓，而是真真實實的明月光，而且彷彿就在我身邊那樣巨大。「啊！你看！」我要跟穆罕默德分享我所有的感動，因為我那無法言喻的感動，應該只有此時此刻在我身旁同觀此景的人才能體會。

穆罕默德每天都會幫我煮幾次好喝的茶。

在沙漠裡每天早上都可以看到美麗的日出。

沙漠裡的月升時刻。

這時候通常會是愛情連續劇的高潮，男女主角會對著明月美景相擁而泣，許下終身。

然而發生在我身上的真實情況卻是急轉直下：「喔（結凍的口氣），那是月亮。」穆罕默德冷冷地說，彷彿在嘲笑我這個都市人沒看過月亮，而他已經看過太多太多次了，不再有所悸動。他的反應狠狠地潑了我一大桶冷水，讓我頓時感到巨大的孤獨。心碎的情況下我有了這樣的人生結論：兩個個性不合、興趣不同、沒有相同感動的人是很難在一起的，因為那只會造成「兩個人的孤單」，而和「一個人的孤單」比起來，至少一個人的孤單是自由的，這樣說你應該懂得我為何選擇單身了吧？不過穆罕默呀！德無論如何你不能離開我，因為我不認識路，而且我需要有人幫我煮飯！

第三天的行走是最痛苦的，因為已經沒有什麼新鮮感，除了偶爾吹起的沙暴讓我因有生命危險而感到刺激之外，整個沙漠一片死寂很是可怕，風聲、烏鴉叫聲、蒼蠅嗡嗡聲、駱駝嚼樹聲我已經聽膩了，穆罕默德又是一個金口難開或者講了我也不明白。我只好努力找尋新鮮事物，看到幾粒烏黑晶亮的小圓石頭，愛石成癡的我正想俯身去撿，這時三歲的Shigal和四歲的Hmimi（我那兩隻駱駝的名字）冷不防地從肛門擠出三十粒同樣的東西出來，真是我的天啊！幸好手還沒碰到，否則怎麼用手吃午餐呢？

每天除了日出日落的美景之外，日出朝陽中的沙地瑜伽才

是讓我繼續活下去的能量。穆罕默德一邊看我身體摺來摺去，露出「神經病」的表情，一邊幫我做早餐，瑜伽之後的早餐很美味。然後是解決人生大事的時刻，我找了一個僻靜的角落（也就是說任何一個角落）脫光了大便（因為怕衣服沾染什麼穢物），我必須做好幾個深呼吸讓自己放鬆，才能達到讓那東西排出的境界，而每每總是在我正縱情享受排泄的樂趣時，忽然颳起一陣狂風沙，越吹越大，我真是不知該暫停還是繼續，最後以所帶的衛生紙量做決定：繼續。並且在結束擦屁股的時候感到一陣磨沙般的摩擦感，那感覺還真是微妙。正想用沙子遮羞埋住我遺留的黃金時，一陣大風又吹過來一陣沙把它掩埋了，沙漠裡真的什麼事都有可能發生。

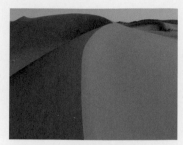

風為沙丘吹出極完美的線條。

偶爾我也會跟兩隻駱駝玩，比起穆罕默德，牠們更有反應，尤其有一次我正在逗Hmimi的時候，牠的眼裡流下了令人心碎的淚，真的就像三毛說的「哭泣的駱駝」！

第三天下午，在我即將因無止境的無聊行走而感到萬念俱灰的時刻，沙丘出現了，我簡直不敢相信我的眼睛，綿延無盡的沙丘在我面前鋪展開來，我霎時彷彿感受到三毛所說的前世的鄉愁，跟著兩隻駱駝一起掉淚，冷感的穆罕默德選擇不吵我，讓我自我眈溺於莫名的憂傷之中，不過不久我就又為眼前的美景所著迷，差點走入永恆的情境。

沙丘隨著光的變換，幻化成超現實的場景，讓人陷入永恆的情境。

我們在沙丘之間的盆地卸下所有物品，穆罕默德又悠悠地

忽然，我聽到沙丘遠方傳來穆罕默德的歌聲。

晚上我們就直接睡在沙地上，天地吾廬，極冷。

離開禱告去了。不久之後，我聽到遠處傳來了穆罕默德的歌聲，他站在沙丘稜線上唱著傳統歌曲，歌聲嘹亮響徹天霄（已經好幾天沒看到雲了），我也一時興起，高聲唱起了〈橄欖樹〉，Echo，我親愛的三毛，這首歌是送給你的，你聽到了嗎？我知道你一直都存在，至少是在我心裡。

當天晚上，一顆巨大的流星墜入沙丘裡，我以為會有小王子走出來，結果並沒有，不過我巨大的感動不減，又是一個想哭。穆罕默德呀，這樣的心情你到底懂不懂呢？
穆罕默德早已經睡了，我一個人跑到另一座沙丘上，試圖要跟三毛通靈，可惜因為沒受過類似的訓練，連個影子也沒看見。不過，在我的內心深處，三毛一直在我身邊。
「親愛的三毛，謝謝你帶我來流浪。」我對著化為一口水井的沙漠這樣說。

在我做完最後一節沙漠中的瑜伽之後，穆罕默德帶領我進行最後的沙漠行程，我們遇到一個貝督因老人拉薩，他有一隻驢子，每天他都跟驢子到處遊走，最後又再回到我們遇到他的樹下來，他在這棵樹下已經住了五年了，那棵樹就是他的家。我終於遇到一個會說法文、可以跟我溝通的人，拉薩是阿爾及利亞人，年輕的時候幫法國軍隊工作過，阿爾及利亞戰爭之後就不能回去了，他露出手臂上的刺青給我看，說被烙上那標誌的人被阿爾及利亞政府視為叛國賊、格殺勿論。

1

3

4

2

1｜利用炎烈的陽光在沙丘上把我汗濕的罩袍曬乾。

2｜在拉薩的家看沙漠中的夕陽。

3｜沙漠中的月升時刻，我寂寞到對著駱駝唱〈月亮代表我的心〉！

4｜穆罕默德總是靜靜地走，或許沙漠中適合孤寂。

5

6

5｜穆罕默德在沙漠裡為我煮的午餐——
什錦燴飯配魚卵。

6｜這兩棵樹是我遇到的貝督因人拉薩的
家，他已經在樹下住了五年。

7｜沙漠中偶爾會吹起讓人伸手不見五指
的狂風沙。

7

拉薩跟我們愉快地相處了一天，我們一起去找水，他還破例建議我在井邊脫光沖澡，哇砸吒的穆罕默德告訴我，回教徒不能看到別人的身體，同性也一樣，那是罪！幸好我的駱駝師穆罕默德在這個時候跑去禱告了，我的沖澡享受才沒讓他犯罪。我已經四天沒洗澡了，當兵的時候都沒那麼髒過！

沙漠中的最後一天晚上，拉薩和穆罕默德將沙燒熱後，直接把麵團丟進去烤了個香噴噴的麵包給我吃，這個麵包有個暱稱叫「沙中的黃金」（sable d'or），我只希望用來埋那坨麵團的沙子裡沒有前人留下來的「黃金」！

貝督因人拉薩和讓他被視為叛國賊的刺青。

晚餐後，拉薩唱歌給我聽，還跟我講了他顛沛流離的人生，七十四歲的他最大的願望是買一隻羊，找個綠洲弄個花園種菜，養自己和羊，羊長大了可以擠羊奶來喝來賣，然後殺了賣更多的錢，再買幾隻羊來養，他要在沙漠裡終老。這樣的心願真是淳樸啊！

離開沙漠之前，我把剩下的食物都給了拉薩，並希望他痛了很久的眼睛可以早日康復。（如果有人以後要去沙漠，記得帶些平常會用到的藥品送給沙漠裡的人，他們那裡缺乏醫藥，很小的病可能都會奪走他們的生命。）

當我終於看到棕櫚樹，然後看到房子的時候，我知道我的沙漠之旅就快結束了，這時穆罕默德建議我爬到駱駝背上去騎一會兒，因為牠們馱載的物品都已經被我吃光或送人

拉薩直接在沙地上烤出一個麵包給我吃。

了，可以背負我一程，讓我拍拍騎駱駝的照片。

從駱駝背上下來的時候，忽然有些許傷感，好像跟牠們有了共患難的真情，我又站在Hmimi身邊請穆罕默德幫我拍張照，其實當時已經筋疲力盡了，可是在他按下快門前，我還是自然而然地側身站立，渾然天成地擺出環球小姐選美的姿勢，後來看了照片中的自己，我終於知道什麼叫做「歷盡滄桑一美人」！

最後，我用盡所剩的力氣，回頭對著沙漠大喊：「三毛！」並且恍惚中好像聽到了從沙漠中傳來的回聲。

離開摩洛哥之前，我還去了費斯、美克內斯（Makenes）、拉巴特（Rabat）等城市，有了去溫泉勝地Moulay Yacoub泡溫泉、在摩洛哥首都拉巴特差點被騙失身的經驗。在費斯接待我的阿里和他家人把我視為家庭的一分子，讓我難以離開。從騙子的手下幸運存活再回到馬拉喀什，在阿布戴爾家住了兩晚。他為我的不愉快遭遇感到抱歉；並且真的騎著摩托車載我去山上看瀑布，他為我做的一切，已經彌補了我在摩洛哥受到的所有欺騙、遇到的所有壞人，讓我對這個國家重新產生了極大的好感。

在跟阿布戴爾和摩洛哥說再見的時候，我又唱起了三毛寫的歌：

「……我們的一生已經滿盈。不要抱歉，不要告別，在這燈火輝煌的夜裡，沒有人會流淚，淚流。」

淡淡的六月天，北緯69.47度，東經22.06度，時間已經接近午夜，我坐在Reisa河畔欣賞永晝季節遠方山上的積雪。 Photo by Szilvia Nagy

北極圈的午夜陽光 Nord

旅行有時來自朋友的邀請，而這一次，
更多了來自極地未知之境大自然的呼喚。

好吧，我必須承認有時候我還是會以貌取人。

當初看了金髮美女席維雅的照片之後，就決定答應讓她來睡我家的沙發了，而這個特立獨行的女孩來了之後，我們一見如故，我本來只答應讓她住兩天，後來還要求她整個巴黎停留期間都住我家，我跟著她到處逛，像瘋狂歌迷般——去踩踏我們所喜歡的兩位藝術家亨利·米勒（註一）和蘇菲·卡列（註二）曾經走過的足跡，拜訪了我極少涉足的巴黎十四區，並且於她在我家的第三個晚上，在網路上訂了兩個月後去北極圈拜訪她的機票。

席維雅住的挪威北部小鎮史拖許雷（Storslett）並不容易抵達，我必須從首都奧斯陸轉機到全世界最北的國際機場特倫蘇（Tromsø），然後再搭乘得上兩次船的巴士才能見到她。她告訴我，史拖許雷可能會讓我覺得無聊，我於是接受了她的建議，先在特倫蘇待上兩天，適應北極圈的寒冷之後再去找她。

從我的沙發客到我的沙發主人到我的摯友的席維雅。

特倫蘇

特倫蘇位於北緯六十九點四度，有國際線飛機能到達的最北的機場，這裡有全世界最北的大學、最北的大教堂、最北的水族館……彷彿在這裡的任何東西都可以冠上「全世界最北」的封號，對於這一點我並不感到意外，讓我覺得驚訝的是它竟然有「北方的巴黎」之稱，在巴黎住了快五年的我完全無法感受到它有任何一點像巴黎，據說是二十

（左起）我的沙發主人楊恩、他女友梅蘭妮，以及跟我同時在他們家當沙發客的菲利浦。

世紀初期，巴黎人來到特倫蘇之前想像即將看到的是一個不毛之地、期待看到茹毛飲血的野蠻人，沒想到竟然看到特倫蘇原來是一個頗現代化的城市，人們穿著合乎當時的流行，時髦咖啡廳和餐廳到處林立，跟當時的巴黎沒有兩樣。這麼說來，我在特倫蘇沒看到住在冰塊鑿成的房舍、全身包裹在長毛大衣裡讓麋鹿拖著走的愛斯基摩人或閃米人是正常的（我的沙發主人說我也不會看到北極熊，因為這裡只是北極圈，不是北極，我的心都涼了）。如果不是稍遠方的山上在六月還覆蓋在白雪中、凌晨一點天還亮著，我並不會覺得「哇，我已經到了北極圈了呢」！

接待我的沙發客叫楊恩，二十幾歲的他是我見過最帥最年輕的木匠，臉上永遠掛著微笑，在他身旁無論如何都能感到一股快樂的能量；他的女朋友梅蘭妮曾經是他的沙發客，在一次來特倫蘇旅行睡過他家的沙發之後，深深受到他的吸引，終於決定放棄一切，從真正的巴黎搬到「北方的巴黎」來跟他同住。我怕我在兩天之後也會被楊恩的笑臉所迷惑，決定留下來當他的老學徒，改行當起木匠來！為此還特地email給席維雅，告訴她如果兩天後我沒有在史拖許雷出現，記得找一個善解巫術的神棍來特倫蘇找我。

抵達楊恩家的時候正好是挪威的晚餐時間——下午四點，這也未免太早了！因為陽光美好，他和幾個朋友約了到海邊烤肉，把我也帶上了。在午後北極圈的光線下，所有景

註一 |
Henry Miller（1891-1980），美國作家，他的作品常被認為離經叛道，讓人連獨自躲在房間裡讀都會臉紅；他在巴黎寫的《北回歸線》一書，在美國更被歸類為妨害風化的色情之作，三十年後才重新被認為是性革命的經典；他和法國女作家阿那絲·尼恩（Anaïs Nin）活色生香的書信往來更為後人所津津樂道。

註二 |
Sophie Calle（1953-）是集各種身分於一身的法國女藝術家，她以寫作、攝影、電影、錄影、裝置、表演等等各種可能的媒介來呈現個人私密的生活，作品被世界各大美術館收藏。

物都像是夢裡才會出現的場景，遠方的一切都美得不真實，近的人與物都讓人忍不住想要去觸碰；這裡的空氣特別新鮮，我在深呼吸之後全身舒暢，甚至覺得好像吸入了什麼特別甜美的氣味，而有一種難以言喻的幸福感。北歐人大都金髮碧眼，在為低溫帶來暖意的陽光下肆無忌憚地享受著當下的生活，水上有人划獨木舟、年輕男孩在玩沙灘排球、女孩負責烤肉（我負責吃）、有人跟狗玩飛盤、有人騎腳踏車玩、有人享受日光浴……看著這樣的畫面，恍惚間我以為自己來到了天堂。

離市中心不遠的小山丘上的Prest-vannet湖邊充滿了靜謐的氣氛，特倫蘇的居民喜歡來這裡散步。

回到楊恩家的時候，他女友也下班回家了，身為導遊的梅蘭妮知道我會住上兩天，決定隔天上班導覽阿公阿嬤團參觀的時候也把我給帶上，讓我可以更認識特倫蘇這個全球最北的大學城，看很多「全球最北」的景點，而且更好的是，免費。梅蘭妮今天也有一個沙發客，來自巴黎的越南人菲利浦；我們一票人晚上決定去參加另一個沙發客的畫展開幕酒會，這個美國來的畫家在沙發客網站上發起這個聚會活動，保證讓我們有得吃還有得玩。

在陽光普照的晚上十點，我們抵達一個藝術村，這是一個綜合繪畫、雕塑、裝置和表演藝術的展覽，駐村藝術家和來參加開幕酒會的來賓都很年輕，都是既怪又有趣的人。這是我在北極圈的第一天，跟一群很有意思的人吃喝到午夜十二點，天還是亮著。藝術村關門後，我們一群人找了一家頗有特色的酒吧續攤，然後散步去跨港大橋上看美麗的特倫蘇港口風光。如果梅蘭妮沒說她該回家睡覺準備明

在永晝季節，獨木舟是特倫蘇的居民下班後喜愛從事的活動。

凌晨一點的特倫蘇海港，從這裡可以搭豪華郵輪看峽灣，或搭破冰船到北極。

天上班的體力了，我也不會覺得晚，因為凌晨一點半了，天光比一個小時前還亮，如果想等到天黑才回家，得等上將近兩個月，因為從五月十九日到七月二十七日是這裡的永晝期，真正的「日不落國」。

該付錢的時候，我才想到我把外套和錢包都丟在藝術村的餐廳裡，開始緊張到幾乎抓狂，結果所有的挪威人都說應該不會有人偷走，明天再去拿就好了。

我的畫家朋友喝醉了，我決定陪她搭計程車回她位於何克亞（Hakoya）小島上的家，十五分鐘之後她按照跳錶費率，必須付給誠實正直的計程車司機超過一百歐元的車資，這可把我嚇傻了，一整天下來，我已經為挪威的消費感到難以承受（用個你比較容易想像的方式，這裡的麥當勞套餐超過台幣七百元），在確定計程車沒有欺騙我們之後，我決定給挪威「全世界最貴的國家」的封號！然後花了很久的時間才從驚嚇中回過神來、放鬆、戴上眼罩在越來越亮的晨光中睡去。

夢裡有一隻北極熊出現。耶，那不是柏林動物園的動物明星克努特（Knut）嗎？克努特在我夢裡迅速長大，柏林動物園決定把它放回大自然中，然而不久牠就在北極冰山因地球暖化更迅速而融化的情況下，游泳太久，筋疲力盡，終於死在好不容易游到的海獅（牠的食物）旁邊！在聽我詳述這樣的夢之後，你還能不開始為防止地球暖化做點什麼事嗎？

路上的這隻北極熊當然是假的，我只是在北極圈內，還沒到北極！

何克亞島上居民不多，所有居民的信箱都設立在對外交通的橋旁，這樣可以幫郵差省下很多時間。

早上醒來，參觀了一下何克亞這個只有約一百人口的小島。由於沒有什麼人為噪音，我們可以聽到遠處有水的流淌，循聲找到水源，喝了一口沁涼的溪水，哇，原來北極圈內無污染的溪水滋味如此甜美。

然後我們決定搭便車回到市區，很快地一輛行駛緩慢的車子停下來，我們上了車，老公公先讓車子行駛之後才問我們：「我認識你們嗎？」這讓我開始懷疑他是個老年癡呆症患者！

一路上我們一直跟老公公重複說我們要去的地方，並且由我這個觀光客來告訴他全鎮最有名的那家圖書館怎麼走，我們都很懷疑是否能抵達目的地，不過至少以老公公開車的時速，我們應該不至於發生車禍，除非後面的車子受不了了，決定加速把我們撞開！

終於抵達圖書館之後，老公公還問我們幾點會回家吃飯！我很擔心他是否能安全回到家。

我回藝術村餐廳的沙發上拿了外套，錢一毛也沒少，北歐的治安之好和人民的誠實果然名不虛傳。

然後就是跟著梅蘭妮和她所帶領的法國老人團參觀特倫蘇著名的景點，果然有很多「全世界最北」的景觀，而因為有了梅蘭妮的詳細解說，我對這個城市有了更深的感情，竟然一點一滴地漸漸愛上了這個地方。

留下感謝楊恩和梅蘭妮的卡片之後，我到巴士站等著去找席維雅的車。眼看著一台很熟悉的車慢慢開過來，那不是

我在何克亞島上住的房子，臨水面山而建，遺世獨立，彷若仙境。

特倫蘇的房子幾乎都是木造的，斜向兩邊的屋頂可以防止積雪，這個城市有至少半年的時間在雪中。

從巴士上看出去的峽灣景象，搭乘郵輪還可以穿梭其間，如果你有錢的話。

挪威小孩要求跟我合照，彷彿我是外星人，還是他誤以為我是成龍？

早上載我的老公公嗎？我對他揮手，他停下車來，問我：

「我認識你嗎？」

「我是你孫子，我爸媽在等你回家吃飯呢，趕快回去吧。」

「對啊，他們在等我吃飯。」他恍然大悟地又慢慢開著車走了。

史拖許雷

往史拖許雷的路上，巴士經過了景色優美的無人之境，還兩度跟著其他車子開上船，船航行於挪威著名的峽灣中，我看到了終生難忘的畫面，大自然的鬼斧神工鑿出來的峽灣，在北極圈特有的光線照耀下，美到令人屏息，我當下把挪威北部的峽灣列為人生必看的三十個景點之一。當我正沉醉於峽灣的美景當中，一個正在吃冰淇淋的小孩請他媽媽要求跟我合照，就像我鄉下老家的孩童看到來拜訪我的西洋白人朋友都好奇地想跟他們拍照留念一樣，可愛極了。

巴士竟然準時到站，如果不是司機用英文提醒我該下車了，我還不敢相信眼前無人的巴士站是我的目的地。巴士開走之後，我很怕會忽然看到北極熊，因為我知道牠們跟我一樣永遠都飢餓，而且牠們會因為飢餓而吃人！

幸好席維雅和尤漢娜不久之後就來接我了，席維雅的金髮在北極圈的陽光下顯得更迷人，我很想建議她把它們高價賣掉，去完成她環遊世界的夢想。

我們經過了小小的鎮中心，經過遼闊的自然風光後來到了尤漢娜的家。

如果你跟我一樣把史拖許雷想成長期冰凍的蠻荒之地，那就大錯特錯了，這個人煙稀少、不易抵達的地方可是很現代化的，席維雅幫傭的家庭（她是位保母）裡，現代電器設備俱全，還有家庭電影院呢！不過跟大城市的生活比起來，這裡更淳樸寧謐就是了，人們從事的活動也跟我習慣的大都市生活差很多，在我停留的一個禮拜期間，席維雅的「老闆」（夫婦都是中學教師）艾佛列德就帶我出海捕魚，我還跟他們一家人一起種馬鈴薯（這裡緯度高，能生長的植物不多，六月早春是種馬鈴薯的季節），尤漢娜還教我如何用毛線鉤圍巾。長達一整個星期的永晝讓我難以久睡，我必須找事情做，總不能生小孩吧！而捕魚、種馬鈴薯、鉤圍巾這種事可不是都市人習慣做的呢，我因此有很多特別的經驗可以去跟朋友們說嘴。

史拖許雷的傳統木造建築，通常紅色的是工作室，黃色的是給動物避寒用的，跟他們稍微分開、供人居住的則塗成白色。

春天的北極圈，正好是我喜歡的蕨類大量抽長的季節。

尤漢娜和艾佛列德有五個小孩，他們說要全家出遊並不容易，得花很多錢，所以他家歡迎外國人來住，這樣孩子們可以有機會練習英文，也可以接觸到外來文化，好像自己也出國玩了一般，他們偶爾也當接待家庭，讓國際交換學生來住，我在他家看到的煮飯電鍋就是前一個泰國小女生離開後留下來的；雖然我不知道孩子們是否也會因為我的拜訪，而感覺自己已經去過台灣了，不過他們的確對中華文化產生了興趣，一直問我許多我無法解答的小孩問題，

還跟我學習如何用筷子，並練習寫我幫他們翻譯的中文名字，還去他們就讀的蒙特梭利學校（註三）到處炫耀家裡來了個台灣人，讓其他同學對台灣也產生興趣，校長於是邀請我去學校演講，請我介紹台灣和中華文化。小朋友們於是從地圖上知道台灣的位置，知道我們用中文，當我在黑板寫出我的中文名字時都發出讚嘆，知道我們常吃米飯、用筷子、喝珍珠奶茶……我的演講之後，很多小朋友都說以後想去台灣玩。外交部到底要不要頒給我一個「促進文化交流有功」的什麼獎呢？

有一天我和席維雅到附近的河邊散步，享受「晚上」十點溫暖的陽光，森林裡蕨類開始大量冒出，樹木也開始抽出新芽，一片萬象更新的景象。我一直喜歡蕨類，看到地上到處竄出的新蕨葉，興奮地拚命拍照，甚至有想要當場拔來吃的衝動。

當晚凌晨一點（天當然還是亮著），我忽然看到窗外開始飄起雪來，這可是六月初，名副其實的六月雪！

因為晚餐吃了新鮮的魚讓我感動到幾乎流淚，隔天艾佛列德於是心血來潮帶我和席維雅出海去捕魚，他的小船又把我帶到峽灣來了。在蔬菜和水果無法生長的北極圈內，食物很貴，海裡免費的魚於是成了最經濟的食物，不過得自己去捕。沒有複雜的捕魚工具，只有一綑尼龍繩，連個假魚餌都沒有，席維雅告訴我他們上次釣到的一整箱魚都是這麼來的，這裡的魚簡直太笨了！

註三｜

為義大利幼兒教育家瑪麗亞‧蒙特梭（Maria Montessori，1870-1952）所創立的特殊教學學校，以她所提倡的宇宙教育為原則，尊重兒童的獨立性和個人自由，致力於設計具有啟發性的教學情境和教具，發掘兒童合乎自然的秩序感，注重智慧和品格的養成，以混合年齡、沒有課程表、沒有獎懲制度、注重日常生活教育和感官教育，以及本土文化與跨文化教學為其特色。以最後一點而言，不同民族因文化不同，所要教導孩子的內容就會不同。如東方人在日常生活教育要學習如何拿筷子，西方的孩子就要先學如何使用刀叉等各種餐具，這就是本土化教學的意義。蒙特梭利一生經歷兩次世界大戰，發現人類互相殘殺，很大原因是彼此間的不了解，所以主張跨文化的教學，使孩子除本國文化外，也具有世界觀，也能認識並進而尊重其他國家民族的文化。所以蒙特梭利認為教育是促進世界和平最好的途徑。

1

3

4

2

1｜當地居民習慣將捕到的魚掛在「晾魚屋」內風乾後再食用。

2｜山上的積雪已經開始融化成湍急的溪流。

3｜山上的警語告示：雪未完全融化，再往前走會有危險。

4｜艾佛列德和席維雅前一天晚上只用釣魚線就捕到九十公斤的魚。

5

6

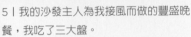

5｜我的沙發主人為我接風而做的豐盛晚餐，我吃了三大盤。

6｜沙洲上有年輕人脫去上衣在玩遊戲，跟全身包裹大衣的我大異其趣，雖說是春天，六月的史拖許雷氣溫大概只有攝氏五度，當地人覺得真是溫暖！

7｜看著樹林裡繁茂抽長的翠綠新芽，覺得它們給了我一天之中好的開始。

7

我其實比較專心看峽灣的風景，沒有怎麼照顧釣魚線，心想如果魚上鉤了一定會牽動我的手，到時再叫艾佛列德用力拉上來就好了。結果我們這一天一無所獲，他們說這並不正常，因為前兩天他們用同樣的方式，一小時就釣到九十公斤的笨鱈魚！不過因為我又餓又冷（即使已經穿上兩件特別厚的褲子、還戴上特殊材質的防寒手套以及毛線帽），不想繼續吹風等待笨魚上鉤，沒待多久就結束捕魚的行程，反正已盡興了，可以到處宣揚「我在北極圈出海去捕魚」這個特別的經驗，對我而言已經足夠，而且家裡那一箱他們前天捕的魚夠我們吃好多天了。

離開碼頭後，我看到不少人家外面建有一間「晾魚屋」，原來這裡的人不愛吃新鮮的魚，他們喜歡把魚風乾後再拿來料理，我心裡覺得這真是暴殄天物，不過每個地方都有不同的文化和生活習慣，我們愛吃鮮魚可能只是因為天氣熱而海產不宜久藏吧，北極圈內就沒有這個問題了。

當晚尤漢娜可能不想讓我因沒釣到魚而在餐桌上感到遺憾，沒有繼續準備魚當晚餐，她說要讓我試試當地的另一個特產——麋鹿肉。那不就是幫聖誕老公公拖車的動物嗎？我竟然要吃牠們耶！

根據挪威的法令規定，馴養麋鹿是閃米人的特權，閃米人是挪威和芬蘭北部北極圈內的原住民，他們跟大部分的原住民一樣有很嚴重的失業問題，挪威政府於是把所有跟麋鹿有關的行業保留給他們，因為這也是他們長久以來賴以維生的動物，現在，他們用麋鹿為觀光客拖特製觀光車，

當地的原住民閃米人所居住的傳統帳蓬。我在想這裡冬天積雪兩公尺的時候他們怎麼辦？

我在史拖許雷睡的「沙發」。

登山日，山上積雪未消，踏雪訪春，內心感到愉悅靜好。

山下可以看到綠樹開始抽芽，再往上爬，就已經寒冷到沒有植物可以生長了。

註四｜
如今已經完成並對外開放。
www.kjellerskolen.no/english.
asp

或者提供牠們的肉當食物。麋鹿肉吃起來嚼勁十足，不過因為尤漢娜的料理方式加了太多的鮮奶油而嚐不出肉的原味，或許這樣更好。

席維雅在第三天把她的好朋友瑪莉介紹給我，她也是沙發客的會員，剛從奧斯陸搬到史拖許雷不久，她在這個人間仙境買了個舊校舍，正要把它弄成一個心靈健康中心（註四），讓人可以來此享受寧靜，順便從事瑜伽、接受按摩、參加心靈成長課程、吃有機健康的食物⋯⋯這跟我想做的事很接近，我當然跟她一見如故。

瑪莉帶我去登山。一開始還可以看到正在抽新芽的樹，往上爬幾公尺後就寸草不生了，因為太冷。山腳下的積雪已經開始融化，形成瀑布奇景，山上則還是白雪皚皚。我們循著閃米人的礦道行走，直到仍然被封鎖的橋為止，這座橋要等天氣更暖和些才會開放。我問瑪莉這裡夏天有多長，她說以我對夏天的標準來看，大概不到一個月吧！

隔天早晨，村子裡的酪農要大家去他家免費拿牛奶，因為罷工的關係，收牛奶的人一直沒有來，天氣漸漸暖和了，如果我們不幫忙分享，他們就必須將之丟棄。於是我們有現擠的鮮奶可喝，配上艾佛列德的母親自製的果醬，我的早餐令我感動。

我決定做中式晚餐報答我的接待家庭，尤漢娜知道這裡的物價對我而言太貴了，堅持要付食材費。我在超市裡買到了醬油，再買了一些蔬菜和肉，用義大利麵條炒什錦麵當

晚餐，這時候孩子們可以練習我教過他們的筷子使用方法，老三因為一直夾不起東西而痛不欲生，我最後允許他用叉子吃。我的沙發主人在這一頓晚飯後跟我說永遠歡迎我再訪，即使兩個星期之後席維雅就要結束保母工作搬回自己的國家匈牙利去了，我還是可以自己來找他們。

「冬天可以來體驗永夜的經驗。雖然有兩個多月的黑夜，但眼睛習慣之後還是可以看得見。而且還可以在路上滑雪，並且有機會看到美麗的極光。」說得讓我心動，我向他們保證一定會再來拜訪。

晚餐散步後帶回來的北極圈野花。

最後一天，晚上十一點多的時候，艾佛列德問我想不想看午夜的太陽（midnight-sun），靦腆的他即使是要提供好處給我，也像是在問我想不想看他內褲的顏色那樣小心翼翼。

「當然想！」這還用問嗎？

雖然已經一個星期沒看到黑夜了，我還是搞不懂太陽不落海的道理，艾佛列德看天氣很好，決定在午夜十二點前帶我去海邊看個究竟。原來午夜十二點，太陽到達最低點而幾乎碰觸海平面，然後就沒再繼續下降了，過了十二點後又逐漸攀升，通常凌晨三點就可以開始享受日光浴了。太陽即將碰觸海平面之前，光線非常柔和，肉眼可以直視，我眼睜睜看著它幾乎碰到海水，還怕會像滾燙的熔岩碰到水一樣激起無數冒煙的水花，結果它只是靜悄悄地在還沒碰到水之前就又緩緩上升，這真是奇妙的感受。這個行程為我的史拖許雷之旅畫下美好的句點。

尤漢娜載我去搭巴士回特倫蘇的時候，他們家老大和老二因為離情難忍而幾乎打起架來，孩子的世界真是難懂，捨不得我離開可以來抱住我的腿大哭呀，幹嘛打架呢？不過在我保證一定會再來看他們之後，兄弟倆就抱在一起和好了，最好是我再來的時候你們還記得我！調皮好問的小鬼。

離開史拖許雷的前一天，我終於看到了午夜的太陽，它並沒有入海隱沒，而是在碰觸海平面之前又冉冉升起。

因為種種的「偶然與巧合」，神祕又具強烈戲劇效果的蘇菲旋轉舞在我的土耳其之旅占了極重要的地位。

旅行有時是為了撫慰內心深處的鄉愁。

開場：伊斯坦堡與喀帕多奇亞

因為思鄉，又沒有足夠的錢，土耳其是我所能抵達最靠近家鄉的地方了，它的大部份領土位於亞洲哪！

伊斯坦堡

該怎麼說伊斯坦堡（Istanbul）呢？

一九二一年以前，這個名為君士坦丁堡的城市，是輝煌了好幾世紀、領土橫跨歐亞非三大洲的奧圖曼土耳其帝國的首都，如今整個帝國只剩下這個城市來承載數百年來的風華與亡國後的哀傷；在諾貝爾文學獎得主歐罕‧帕慕克（Orhan Pamuk）的筆下，成了他「呼愁」（註一）的主角。當然還有法國旅遊文學家皮耶‧洛蒂（Pierre Loti），他曾在這裡陷入戀愛，並在他位於法國中西部侯榭佛市（Rochefort）的家裡蓋了個百分之百土耳其式的房間，讓我當年參觀他家的時候許下一個心願：一定要去伊斯坦堡以他命名的茶館喝杯茶。還有水菸、土耳其浴、聖索菲亞大教堂（Aya Sofya Camii）、清真寺、棉花堡……這些拼湊起來的豐富印象，在在地吸引了我。

於是在一個寒冷的二月天，我出現在塔克辛（Taksim）廣場旁，等待來接我的沙發主人法魯克。

「咱們回亞洲吧！」法魯克建議我先回他家放行李再帶我出去晚餐，這樣的說法好像「媽媽請你也保重」般的讓我忽然想哭。

毆塔克伊（Ortaköy）清真寺是伊斯坦堡最美的景點之一。它後面的博斯普魯斯橋所連接的歐亞兩大洲，喚醒了存在我心中所有的鄉愁。

註一 |

土耳其語的「憂傷」，在可蘭經裡兩次寫作「huzn」、三次寫作「hazen」，原意指失落及其伴隨而來的心痛與哀傷。「集體呼愁」是帕慕克在其著作《伊斯坦堡——一座城市的記憶》裡一直重複的主題與情緒。

伊斯坦堡著名的「藍色清真寺」（Sultanahmet Camii）。雖然土耳其獨立之後宣布自己不是回教國家，大部分的國民卻仍信奉回教。對觀光客而言，這裡的好處是非回教徒也可以進入清真寺參觀。

法魯克的家位於亞洲的宇墟堀達（Üsküdar），我們搭上橫渡博斯普魯斯海峽（多麼引人遐想的名字！）的船（Vapur），十幾分鐘之後就到了，這真是讓我有點措手不及，好不容易培養起來的感傷情緒很快地就被碼頭繁忙的人潮沖淡，還被忽然從四面八方排山倒海似的傳來的催禱頌（call to prayer）嚇得差點失了魂——要恐嚇人家改信回教也不是這種方法！在回教國家每天都會聽到五次催禱頌，提醒回教徒祈禱的時間到了，剛開始我還以為有人清晨五點開始唱卡拉OK，被吵醒之後氣得想打開窗戶回他一段「蘇三起解」，後來漸漸習慣之後，竟然覺得這「破」曉之聲還真是具有能量呢！據說這還是門藝術，唱得好的人是頌揚阿拉真主的好信徒、功德無量；要不是怕回到巴黎被砍，我還甚至想把手機來電音樂改成一段回教的催禱頌，好讓我一天感受這巨大的伊斯蘭力量不止五次呢！

放下行李之後，我學到第一句土耳其話：「açtım！」（我餓了）。

法魯克在我的要求下帶我去吃便宜又好吃的道地土耳其菜。雖然我們已經在亞洲，食物卻跟其他亞洲料理差了十萬八千里，我們吃了bulgur pilavı（像辣薏仁）、acılı ezme（有紅蔥和洋蔥的酸辣小菜）和我在歐洲已經熟悉的kebab，我只能說土耳其料理雖然好吃，卻不符合我當下想要飲食清淡的願望。

吸菸殺人

其實在法國還沒有實施公共場所全面禁菸之前，在巴黎就可以找到很多抽水菸的地方，不過我是不抽菸的人，怕菸味怕到不敢去舞廳跳舞，我會想試試抽水菸，純粹是為了嘗試一下那種經驗，所以覺得等到人在北非或土耳其再做，會比較有感覺。

抽水菸在土耳其是很受歡迎的休閒活動，雖然頗有異國情調，不過對不抽菸的我而言，嘗試一次就夠了。

去摩洛哥的時候居然忘了做這件事。可見得吸菸這件事對我而言真的完全沒有吸引力。

這次到了土耳其，我的第二個沙發主人哈康提議的第一件事就是抽水菸（在土耳其叫做Naghilé）。說這是他們朋友之間常常一起做的事，幾個人相約去水菸館，點上一管菸，輪流抽，一邊玩tavla（一種黑白棋）或撲克牌，是殺時間的好方法，而且很便宜。

我們於是到了博斯普魯斯海峽旁的一間水菸館坐下了。

土耳其流行水果口味的水菸，哈康點了個水蜜桃加薄荷口味的菸，我們還點了傳統茶。

水菸管下層裝水，上層放菸和調味的香料，菸上放了燒紅的木炭，通過長長的管子吸入口中直接進到肺裡，因為有水的關係，吸菸的人並不會感到抽菸會有的嗆鼻感，所以事實上吸入的菸量比直接抽菸來得多；即使這樣，水菸館也沒有到處貼上「吸菸殺人」的警告標語，縱容來這裡的客人（以年輕人居多）一管接一管地抽。連我這種怕菸的

地形特殊的喀帕多奇亞是所有去過土耳其的人都推薦的勝地，不過在冬天卻是格外冷清。

人都覺得味道不錯，躺在懶骨頭上吞吐著煙，遙想當年皮耶·洛帝也在伊斯坦堡做同樣的事，亞洲離我只有不到兩公里的距離……在昏黃的燈光下，俊男美女很多，這真是有FU呀！

可能因為是第一次抽水菸，我竟有一種攙雜著茫然飄然恍然怡然的奇妙感受，甚至感到巨大的餓！

第一次抽水菸的感覺不錯，因為地方對、同伴對，時間也對。不過這種事做過一次也夠了，因為吸菸殺人哪！

喀帕多奇亞

去過土耳其的人都跟我推薦一定要去喀帕多奇亞（Kapadokya）。

搭乘前往喀帕多奇亞的夜車是我在土耳其的第一次長途巴士經驗。土耳其的長途巴士很發達，是國內主要的交通工具，比起慢速火車更常被使用，於是發展成一套緊密完善的系統，通常從市區用小巴士將客人載到郊區的大巴士站，從那裡可以四通八達，到另一個大城市外的郊區之後，再用小巴把旅客載往市區或附近其他地方；巴士公司很多，相互競爭的結果，旅客於是得利。

我搭的是最大的Metro公司直達喀帕多奇亞的車，車上有隨車小弟，不過在他來對我獻殷勤奉茶倒水給小點心之前，我已經吃了一顆助眠藥睡著了，為的是要有足夠的體力遊山玩水——儘管我並沒有睡好，因為怕一覺醒來發現自己到了伊朗。

喀帕多奇亞給人一種超現實的感受，彷彿置身於〈星際大戰〉場景（這部電影確實也有一場戲在這裡的 Selime小鎮拍攝）。

「我們已經到了！」隨車小弟搖醒我。這時天也亮了，我望出車窗外看到白茫茫一片，不是棉花堡到了，而是下雪。看著那景象，我很擔心被載到了外太空。

旅遊書和許多旅遊達人都提醒我到了喀帕多奇亞車站要小心，因為商業競爭激烈，常常會有不肖業者到車站以謊騙的方式來招攬生意。喀帕多奇亞山區因為都是山城小鎮，居民不多，我找不到沙發客收留我，反正這裡住宿不貴，一晚不到十歐元，我的兩天一夜行程不會因必須住旅館一晚而太傷荷包；大家都說沒訂房沒關係，一到車站就會有很多旅館業者來拉客，可以到時再選擇。

然而就在我於歌樂美（Göreme）小鎮下車之後，看到了有生以來所見過最最淒涼的景象。

沒有任何人來推銷拉客，所有的店都關門，巴士把三個旅客丟下之後也開走了。同時被丟下的兩個女孩跟我一樣倉皇失措、無所適從；聽她們的口音是法國人，我於是上前搭訕，一秒鐘之後我們就決定相依為命。

過不久，我看到有人拖著行李走來車站準備離開，問她們住過哪裡，「Shoestring（註二），很棒，五歐元包早餐。」就是那裡了，我和史蒂芬妮和克萊兒同時做了這樣的決定。

Shorestring是位於洞穴裡的一家青年旅館。住在洞穴裡是喀帕多奇亞山區千百年前的特色，現在已不多見——儘管很多旅館業者為了招攬生意，故弄異國情調而稱自己為山洞。

穴居是喀帕多奇亞千百年前即開始的習俗，現已不多見。而我下榻的青年旅館是真正從山鑿洞而成。

註二｜
Shoestring Cave Hotel & Pension
網站：www.shoestringcave.com
電郵：bookshoestring@gamail.com
電話：+90-3842712450

陶藝是喀帕多奇亞的知名產業之一。工廠裡的女工正在為大盤子手繪圖案，其精細程度讓我們讚嘆不已。

我們好不容易找到附設了在冬天毫無用處的戶外游泳池的Shoestring洞穴旅館，吃了早餐，盥洗一陣，趁著好天氣開始了第一天的行程。

我跟青年旅館老闆以薩說我想去參觀陶藝小鎮阿瓦隆（Avaron），因為我很喜歡也曾經做過（我的師父甚至建議我成為專業陶藝匠呢）。以薩說每小時有一班小巴士可以搭，不過阿瓦隆不遠，他可以載我們去。

我們於是被載到一個荒郊野外的陶藝工廠，參觀了整個陶藝的製造過程，他們竟然還用腳來旋轉轆轤！胖妹妹在盤子上勾畫著精細的圖案，真是美（指的是盤子不是人）。

參觀工作室之後，我忽然想到如何回去的問題。「我先帶各位參觀陶藝成品販賣部，然後再指示你們去哪裡搭公車，（如果你們跟我買東西）我可能還能幫忙問問看有沒有人可以載你們去公車站。」老闆說。我於是買了三個美麗的碗，然後讓他請人載我們去搭公車。

公車讓我追了幾步之後緊急煞車，我們三個人在眾目睽睽之下上了車。「這些觀光客，在這個季節來這裡幹嘛？」整個公車上所有當地居民的眼光都傳遞出這樣的疑問！

我們在卡兀青（Cavucin）這個小鎮下車，因為旅遊指南上說可以從這裡走山路回歌樂美，沿途風景迷人。

我們好不容易找到一家開門營業的餐廳。

「你們想吃點什麼？」

「kebab、doner、adana……。」我把所有知道的土耳

其食物都說出來了。

「對不起，我們山區小鎮物資缺乏，無法供應那樣的食物！」

那幹麼問！

胖媽媽於是在院子裡烤了幾個餅給我們吃，還配上沙拉、自製起司和橄欖，就這樣了，不過還不難吃，而且終於符合我飲食清淡的心願。

餐廳老板娘在院子裡為我們烤餅當午餐，簡單的餅讓我們覺得是人間美味。

一個男子熱切好心地主動來為我們指點路徑，並一再慫恿我們雇用他當嚮導，說冬天山路不好走，不熟悉路況的我們可能會深陷危險之境；根據我在網路上爬文的心得，這只是他們慣用的伎倆，在歌樂美這樣的瘠地，民生困苦，大家都無所不用其極地想從觀光客身上撈點錢過活。雖然我的慈悲心讓我為他們生活艱困的處境感到不忍，卻終於還是同意法國女生的決定，堅持自己走。

天氣很好，山路積雪未消，整個山谷被我們三人獨享。

我們看了兩個廢棄的教堂，在像月世界的岩山上直接挖鑿進去而成的建築奇景，讓我們驚嘆連連。接著我們向更深的山裡走去，一路上杳無人跡。我們雖然都沒說出口，但是已經開始感到害怕。

因為雪的關係，人跡走過的路徑完全被白雪覆蓋而不復見。我們於是在山裡迷路了。

眼看天即將變黑，我只好建議大家往上爬，心想至少在山

在深山裡迷路多時之後，看到這間
正在營業的山洞茶館，我差點要把
老闆阿伯當救命菩薩膜拜。

頂上可以看到方向，依照旅遊書上的指示，我們下榻的村莊其實不遠。另外還沒看到的兩間教堂就算了，主會原諒我們的。

山路有雪難以攀爬，常常一腳踩下去就深陷至膝蓋；山谷並且轉而狹窄難行，我們三個人一直猶豫要不要放棄。後來是史蒂芬妮堅持並且既鼓勵又脅迫地要我往上爬，然後可以拉她們一把！當男人還真可憐，這種時候總是被派當先鋒！

終於爬到山頂。哇！美景令人屏息。

遠方還有茶館的指示招牌，我們得救了。

阿伯不知道哪根筋不對，竟然決定來荒郊野外、無人的山上賣茶！

我們跟阿伯雞同鴨講後似乎達成協議，只要我們買他的茶喝，他就帶我們下山回歌樂美。這樣的條件當然要接受，一千元一杯茶我也願意付。結果後來阿伯跟我們要了一人一里拉，合台幣二十元，這可能是他小時候他爺爺賣茶所要求的價錢。他還帶我們去參觀旅遊指南上提到的第三間教堂，就在他的「茶館」旁邊，還告訴我們如何上上下下其他山去找到第四間教堂，我說阿伯別了，給我再來一壺熱騰騰的廉價茶吧！

這時我們聽到越來越近的人聲，一個嚮導帶來了一群日本觀光客，聽說我們自己找著來覺得不可思議。會說英文的嚮導為我們指點了方向，於是我們可以不用等太陽完全下山後，才跟阿伯摸黑回村子裡。

1

2

3

1｜喀帕多奇亞的人稱這樣的巨岩為「仙人的煙囪」，比我想的「香菇頭」浪漫多了。

2｜有人在晨霧迷濛中搭熱汽球參觀山區，他們看到的景觀一定很讚，而我看他們也覺得有超現實之美。

3｜土耳其人認為可以避邪保身之用的玻璃製「藍眼睛」（Hazar boncuğu），惡魔會被這藍色之眼所吸引，玻璃破碎就能消災解厄。

4｜暴風雪後陽光照耀下的鴿子山谷（Pigeon Valley）。

4

踏著美麗的夕陽，我們回到了下榻的洞穴。

在深山驚魂、死裡逃生之後，我們決定以美食犒賞自己。在巴士站附近找了一家看起來頗高級的餐廳（註三），很傳統的土耳其裝潢，以火爐燒茶給人溫馨溫暖的感受，經理還會說法文。在法文標準的餐廳經理協助下，我點了喀帕多奇亞的特殊料理testi kebab——和眾多香料以及蔬菜裝在陶罐裡悶煮多時的肉。吃這道菜還有一個特殊的儀式，必須先用榔頭把陶罐敲碎才能吃到食物，我一邊覺得敲破陶罐可惜，嘴裡卻吃得高興，真是美味！
小村子裡冬天淡季的晚上無事可做，我早早進入夢鄉。

隔天一早自然醒。我隨便亂逛，從山洞旅館的後山向山頂走去，忽然看到有熱氣球緩緩升起，那景象實在太超現實了，卻美得讓我忍不住大叫「Mon dieu」（我的天）！這簡直就是〈星際大戰〉裡才會出現的景象，讓我神迷不已；我在那裡駐足良久，腳快凍僵了才離開。
回山洞旅店吃美味的menemen（番茄青椒辣椒炒蛋）當早餐。因為有了前一天的迷路經驗，我決定給自己放一天假，在搭夜車離開前，花錢參加當地著名的「綠線團」（Green Tour）。
在導遊的帶領下參觀了兩千年前開始建設的地下之城，這是古人用來躲敵人用的，綿延四公里，共有地下八層，低矮的洞穴寸步難行，躲住在裡面一定很辛苦。
還去風景優美的俄赫拉拉（Ihlara）山谷健行，在山谷裡

喀帕多奇亞山區的特色料理——testi kebab，把肉和蔬菜及香料放在陶罐裡以火久煮，客人將陶罐敲破食用，過程有趣，食物也好吃。

註三｜
Royal Cappi
地址：Kayseri Cad, Goreme
電話：+90-384-2712905.

奇特的石灰岩地質，看起來像棉花，踩在上面可是硬的呢！

的餐廳吃鱒魚，去鴿子山谷，沒有冒險刺激的迷路風情，卻至少把喀帕多奇亞該看的重點看過了。

搭夜車去棉堡的時候，在Nevshir遇到為當兵的男孩們送行的群眾，有的男孩被朋友拖起來丟來丟去，旁邊有敲鑼打鼓吹嗩吶的樂師鼓譟著，還有人在跳舞或被逼跳舞，稍遠處則看到有家長在頻頻拭淚。這讓我想起自己去當兵那一天的情景，奶奶邊哭邊放鞭炮，爸爸媽媽眼眶也紅了，其實我去的新兵中心也不過離家二十公里！

中場：魂縈夢牽的棉堡和曼尼薩熱心的沙發客
把我吸引到土耳其來的最主要原因，其實是一張棉堡（Pamukale）的照片。

棉堡

我愛水，上了溫泉的癮，只要能在大自然裡泡溫泉，即使必須歷經千辛萬苦我都要去！

棉堡的照片是這樣的：潔白的天然水池如梯田般層疊鋪展，俊男美女躺在牛奶糖般的池裡，在碧綠的水中盡情享受與大自然結合的欣喜。你說我看了不會想來嗎？

我從山下的北門進入棉堡，看到一個禁止穿鞋的標示，寫著：地面很滑。

可能是因為棉堡潔白，不想讓人穿鞋踩髒吧，於是脫了鞋走進去。寒冷的冬天早晨，水池裡的水給我無限溫暖。

把我吸引到土耳其來的棉堡照片是在夏天拍的，無數俊男美女躺在碧綠的水池裡消暑。我卻覺得我看到的冬天氤氳繚繞的棉堡更像人間仙境。

72| 旅行的定義　L'esprit de voyage

我把褲管和袖子撩起，請巴士上遇到的韓國人幫我拍「美男出浴」的照片，這時一個警察對我大喊，是覺得我妨礙風化嗎？

結果是棉堡的水池因為太多觀光客的踐踏，已經禁止踩進去浸泡了！開玩笑，我可是因為看到有人在棉堡泡溫泉才來土耳其的耶！不過如果真的會對環境造成傷害，讓以後的人覺得棉堡又髒又臭，我寧可犧牲自己的心願，從遠處欣賞就好。

幸好棉堡這個一九八八年被UNESCO列入世界文化遺產的古蹟裡還有別的東西可看。例如荒煙漫草間的斷垣殘壁引人無限遐思，又例如西元前三五二年建的露天劇院以磅礡的氣勢讓我為之著迷，我坐在觀眾席上看到一個日本男子在沒人幫他拍照的情況下，自己在舞台上演將起來，那情景還頗嚇人，因為我想到自己也可能做出同樣的事！

最最讓我覺得不虛此行的，是古老的游泳池。

至今依然開放的古游泳池裡面，傾頹著古代的大理石柱，三十五度的溫泉水在冬天裡讓水面煙霧裊裊，而我是唯一的泳客，這當然是勤做旅行功課、有備而來的結果，反正泳褲不占空間。

整個游泳、泡水、在水裡抬腿、在水中千年大理石柱上唱歌、趴在巨石上沉思的過程中，一直有前來參觀古游泳池的觀光客拚命拍照，如果你無意間在某國際旅遊雜誌介紹棉堡的照片上看到一個長得像我的人，不要懷疑，那就是我！

我在溫泉池裡徜徉在大自然與觀光客羨慕的眼光之間，久

兩千多年歷史的露天劇院，讓我有種想要上去表演的衝動。

久不敢離去，因為水池到更衣室有著一段不算短的距離。直到我覺得即便離我十公尺外的人都能看到我因泡水而起皺的皮膚，我才在眾目睽睽下正式表演美男出浴。

「溫泉池好嗎？」離開前門口的警衛這樣問我，他偷看到我在游泳。

「如果有浴室可以沖澡會更好！」只穿小泳褲的我差點在從熱水池跑到置物櫃、在東跑西跑找不到沖澡室、跑去問管理員被告知沒有沖澡室、再跑到更衣室穿衣服的過程中被凍僵成雕像，我想退錢！要不是棉堡的美景已經值回票價，我真的會這樣要求。

伊士麥

歐贊到巴士接駁站來接我。

「你怎麼樣啊？」他非常客氣地問候我。

「我很餓！」我一臉快昏倒地回答。

於是我的伊士麥（Izmir）之旅是從食物開始的。

當沙發客想吃東西的時候，身為主人的應該都會覺得傷腦筋，因為既想介紹當地的美食，又不知道人家是不是會喜歡，還得考慮價錢的問題等等。

「我是中國人，我什麼都吃。」尤其在我很餓的時候。

「不過我還是想嘗試最在地的料理，如果可能的話。」

這麼說著，歐贊指著一家明亮寬敞的餐廳，我跟他說那看起來太乾淨了，不夠道地！

潔白如棉的水池如梯田般鋪展開來，若能在裡面泡個澡，此生必然了無遺憾。

這就讓他更傷腦筋了，說到吃，我還真是個大麻煩呢，有誰每三個小時得吃一次大餐？

忽然，我看到一家燈光昏暗、燻煙四竄的燒烤鋪，銅製的烤爐大刺刺地鋪展在街旁，爐上烤著一團黑黑的東西。「就是這裡了！」我跟歐贊說。

「別吧！你知道那是什麼東西嗎？」歐贊很緊張地說。

「別告訴我，除非是人肉，否則我就是要吃。」走更近看，那團烤物還滴著肥滋滋的油呢，正適合我的轆轆飢腸。

「那正是腸子呢！」歐贊還是忍不住告訴我了，因為他自己從來不吃，怕我吃了之後才知道會恨死他。

「我最喜歡吃腸子了！在我的故鄉，大家搶著吃滷豬腸呢！」這話差點把歐贊嚇昏，雖然他不是回教徒（他父親決定他家是無神論者），可是因為住在土耳其，這輩子連豬肉都沒吃過呢！

我還要歐贊讓老闆為我提供最道地的吃法，他不但在烤羊腸三明治裡幫我加了很多辣粉，還遞上一盤醃辣椒給我，配上一種發音為「愛人」的優酪乳飲料，這就是道地的吃法了。

結果這個吃道地食物的堅持，讓我的五臟六腑整夜翻騰不已！揭開了我伊士麥之旅的序幕。

我因為一夜的肚腹翻騰沒睡好，加上天氣陰霾，第二天在歐贊家醒來後根本也沒心情觀光。胡亂逛了一下街，找一家咖啡廳避寒，喝了蘭花根茶（sahlep），看了一座清真

看到烤爐上肥滋滋、滴著油的道地食物kokoreç，聞到飄過來的香味，飢腸轆轆的我根本不管那是什麼，就決定要吃。「我是台灣人，我什麼都吃！」我對我的沙發主人這樣說。

寺，在沿海步道晃晃，就這樣了。

在沿海步道上，男人抱著兔子對我念念有辭，這已經是第
三個試圖要我買他們所剩下的兩隻兔子的男人了。

「全城我沒看過別的亞洲人，而且我的大相機還掛在胸前
哪！他們難道看不出來我是觀光客嗎？我買兔子幹啥呀？」
我終於忍不住問歐贊。

「他們不是賣兔子！」歐贊邊笑邊說，「小的那隻兔子很
可愛，是讓你撫摸用的，大的那隻會從一堆籤詩當中抽出
你的運勢。」

天呀，是幸運兔！原來土耳其人相信兔子有占卜能力！

聊天過程中，我覺得剛剛隨著父母搬來伊士麥五個月的歐
贊不太了解自己的城市，不熟悉自己的城市，不愛自己的
城市，而這讓我也覺得伊士麥真的沒什麼值得拜訪的。原
來沙發主人對自己所居住城市的忠誠度，會影響沙發客的
心情。

曼尼薩

「為什麼來土耳其？」一路上有不少土耳其人這樣問我，
好像他們忘了自己的國家有很多名勝古蹟被列入聯合國世
界文化遺產似的，用的是「幹麼來大寮？」的口氣，真是
妄自菲薄！

在棉堡要買往伊士麥的車票的時候，賣票的人問我去那裡

蘭花根茶是土耳其人冬天喝的熱
茶，濃稠的茶加上肉桂粉，據說有
增強體力的效果。

幹什麼，因為其他人都直接去塞曲克（Selcuk），準備
去埃菲斯（Efes，也作Ephese）參觀千年古城遺跡，「
伊士麥只是一個城市，沒什麼好看的！」他說。

「因為我要去曼尼薩。」我據實回答，因為一個熱心的
沙發客看到我即將來土耳其的宣告，邀請我去曼尼薩
（Manisa）找他。

「曼尼薩？！那裡更是什麼都沒有！」賣票的人斬釘截鐵
這樣告訴我。

這下我開始緊張了。

我的最終目的確實是要去塞曲克看埃菲斯的古蹟，但因為
塞曲克是個小鎮，我想應該很難找到沙發客願意收留我，
於是我找了鄰近最大的城市伊士麥開始了我的沙發衝浪，
伊士麥是土耳其第二大城，沙發客超過五百人。

結果火山回信給我了，他說看過我的網頁覺得我太有趣
了，一定要認識我，他住在離伊士麥二十分鐘車程的曼尼
薩，歡迎我去他家住。我心想二十分鐘不算什麼，在巴
黎，我上個學都得花上三十分鐘呢！

原來火山沒告訴我，二十分鐘指的是高速公路上曼尼薩和
伊士麥兩地路標的距離。結果我從伊士麥市區搭了一輩子
公車才到客運總站，再花近一個小時到了曼尼薩郊區，又
等了半小時才讓火山接到我。

更慘的是：我來到了一個像大寮的地方！

雖然真的「什麼都沒有」，可是因為火山和他男友非常熱

埃菲斯是現存古希臘、古羅馬遺跡
中最大、保存最完整的一座古城。
這個在西元前11世紀就已存在的城
市，是聖母瑪利亞和聖約翰逝世之
地。圖中這座是建於西元135年的圖
書館，雖然是複製品，卻是埃菲斯
最受歡迎的景點。

這家麵包店的麵包看起來每個都很好吃，所以我每種都點一個，又把我的沙發主人嚇到了。

註四｜
Ayni Ali
地址：kuyulan M. Kenzi Cad, No. 11, Manisa

註五｜
用冰冷的水與咖啡粉和糖直接攪拌調和後煮到滾即可，咖啡粉沉澱後直接喝，喝完後杯底的殘渣可以用來算命。

心，我在曼尼薩的兩天居然是個令人難忘的好經驗。

火山先是做了晚餐請我，然後帶我去已有四百年歷史的茶館（註四）喝用四十一種香料混合而成的mısır茶，據說這茶可以治百病；又去街上一家專賣boza（一種冬天喝的用玉米做的冷飲）的小攤，把這種特殊飲料介紹給我；晚上怕我無聊，還準備了一部電影光碟給我看，簡直把我照顧得無微不至。

第二天火山幫我準備了豐盛的土耳其早餐，還教我煮土耳其咖啡（註五），然後開始了他早已為我設計安排好的行程並全程陪同。

我們去山上看「哭泣的女人」巨石，據說這個形狀像女人頭的巨石，千百年來一直有水從眼睛處流出，像極了哭泣的女人，甚至還因此發展出了一個神話故事。然而就在幾年前，曼尼薩市政府決定在巨石旁蓋了個露天劇場，劇場完成後，改變了大自然的地下水道，女人從此不再哭泣了。這真是荒謬！

中午我們去一家好吃的麵包店午餐，全店的人都好像沒看過台灣人似的跑來要跟我拍照。

離去時，當火山看到我從窗外投個飛吻給那個一直對我看個不停的收銀小弟後，非常緊張地先驚問我：「天啊！你在做什麼？」並更緊張地環顧四週，深怕有人看到了我這樣放浪形骸的舉動，彷彿在這個保守的小鎮上，之前一個這麼做的人已經被拖到廣場上被亂石打死了！我說是那個

可愛小弟先對我這麼做，我只不過是回禮罷了。火山說那個小弟的舉動實在太不可思議了！我只能說：「唉！難道美麗也是一種錯誤？」

趁著沒有人要來把我拖去廣場上行刑，我們趕緊逃離現場，去蘇菲教派的修道院參觀。小小的修道院在山上，我們必須去吵醒看守人來開門開燈，離上次有人來參觀可能是十年前的事了！

修道院目前已經成為博物館，讓我們了解蘇菲教派的生活方式：儉約、研讀經典、禪修、藉由旋轉儀式與上帝更接近……旋轉時右手朝上左手朝下：表示右手從上帝之處獲得，通過心臟，左手向下給予布施。火山還慫恿我跟蠟像合照，「你是觀光客，沒關係。」這會兒他反倒是不怕我被逮捕了。我於是還真的學了蘇菲舞者旋轉幾圈，第七圈就摔出去了，頭昏眼花了好一陣子！必須休息一下才能靠牆走。我當時真想找個可以旋轉兩小時的蘇菲教徒來敲開他的耳規管，看看裡面長什麼樣子！

回市區（應該是說鎮中心）的途中經過了庫德族的聚居村落，這個土耳其的頭號問題族群果真是比較貧窮，一直以來，他們其實被土耳其政府不斷迫害，我希望他們真能早點獨立（別告訴土耳其簽證處的人我這麼說過，他們可能會把我列為黑名單！）。

然後是我一直想洗的土耳其浴。我一到土耳其，遇到人就邀人家跟我一起上澡堂，這讓土耳其人覺得怪，原來這種

曼尼薩附近一個庫德族的村落。庫德族是一個古老的民族，西元前兩千年左右就定居在庫德斯坦地區（今土耳其東部），他們有自己的語言與文化，長久以來一直謀求獨立，是土耳其政治上最大的問題。

進入煙霧瀰漫的傳統土耳其蒸氣浴室，讓人頓時感到無限放鬆。

傳統的活動在年輕人之間並不普遍被重視，通常是有錢有閒的老人活動，我查過入場費，以土耳其的物價而言，去洗土耳其浴還真不便宜！而且儘管土耳其並不是回教國家（所以不以回教律法治國），但是土耳其人還是信奉回教的居多，對於身體的態度趨於保守，忽然被人要求一起去洗澡，好像覺得怪怪的。

火山剛好是少數喜歡洗土耳其浴的年輕人，他帶我去位於主要清真寺旁邊，有四百多年歷史的大理石澡堂（註六）。

傳統的土耳其浴是這樣的。

每個客人都有專屬的更衣休息室，脫了衣物之後將更衣室上鎖，在腰間圍上一條格子紋的棉質布，就可以進入蒸氣浴室了。

蒸氣浴室通常成八角形，正中央是一個大理石製的八角形平台，旁邊是隔間的小浴室。使用順序是在小浴室沖洗身體之後，到中央平台躺著，平台下方加熱，身體在蒸氣與熱度的加溫後，死去或老化的角質層已經到了即將脫落的程度，這時候按摩師就來了，通常他們都很壯碩，長得更像是恐怖分子。

按摩師先在你身上塗上肥皂泡沫，然後開始用力搓你的全身，把死去的角質層搓掉。我的按摩師經驗老到，沒有傳說與想像中的粗魯，看著他慢慢地搓去我身上的老舊角質，我終於知道原來我身上增加的兩公斤其中有一公斤是「仙」，心裡真是感到不好意思，甚至羞愧地想要殺人滅口！

註六｜
arihi Sultan Hamami
地址：Sultan Camii Alti, Manisa
電話：+90-236-2312051
營業：06：30-23：30

我的朋友說，這些傳統土耳其按摩師看起來更像是恐怖分子。我說，他們用力幫客人搓去身體角質的樣子，還有點像屠夫呢！

接著是傳說中的馬殺雞，那真的讓我想起小時候看奶奶殺雞的景象，力道之大彷彿是在幫大象按摩，剛好我喜歡按摩師對我來狠的，而且我骨頭軟，可以隨便他摺來摺去，所以樂於其中。

按摩師幫你清洗按摩結束後，就可以出去外面讓另一個服務員擦乾身體，然後喝個茶，在個人休息室歇憩或在大廳跟其他顧客社交。

我們離開蒸氣浴室之後，我覺得整個身體輕盈了不少，大概是因為被搓掉了一公斤的「仙」！

火山在接到一通電話後面有難色地告訴我「一個噩耗」：他男友的媽媽聽說我要煮中國菜，發誓一定要來吃，她這樣要脅著：「如果沒吃到我會死！」我說這不是噩耗，歡迎她來吃。

我做的中國菜其實很簡單，就是「火鍋」。鍋底是巴黎的中國超市買的涮肥牛口味，買了香菇、菠菜、牛肉、沙拉菜，全丟進去煮就是了。

「我們今天的主菜是什麼呢？」火鍋已經快煮好了，大家還是不斷跑來問這個問題。

「就這一鍋，沒別的了！」大家都丈二金剛摸不著頭腦。

我還用火山家廚房能找到的多種香料調了火鍋蘸醬。我甚至還帶了筷子讓他們學習正確吃火鍋的方法。

大家一開始都很懷疑的晚餐，結果是每個人都吃得笑嘻

嘻，尤其是好吃的阿嬸。

「蘸醬實在太厲害了！請問是用什麼調成的？」阿嬸問。

「醬油、蒜粉、芫荽粉……蛋黃……辣椒粉……」我其實有點忘了。

「等一下！蛋黃是生的嗎？」阿嬸很緊張地問。

「沒錯，是生的。」我們吃火鍋常常這樣做呀。

「我的天呀！」阿嬸簡直不敢相信，她活了這麼大歲數還不知道雞蛋也能生吃！

總之，我的中式晚餐真是一個賓主盡歡。

曼尼薩或許不在任何觀光客的參觀名單中，然而卻是我的土耳其之行最最精采的行程，我的沙發主人帶著我做了很多我一個人絕對做不到的事，他們讓我真正接觸土耳其生活，我學習到、親身體驗到的比我所讀到、看到的多；而且他們以「你已經花了不少錢到這裡來了」為理由，熱情好客到兩天當中不讓我付一毛錢，讓我不知如何感恩。

又是一頓豐盛的早餐之後，火山載我去客運總站搭巴士，兩個小時後，我終於到了原來計畫中的塞曲克，比我遇到的那一群韓國自助旅行者晚了整整三天。出乎意料地，我在這個小鎮上找到沙發，主人其實是青年旅館的股東，他說青年旅館沒有客滿的時候，他願意接待沙發客，反正床空著也是空著，他剛好可以跟沙發客聊天練習英文。

我參觀了埃菲斯古城後沒有在這裡多作停留，直接往下一站布爾薩（Bursa）出發。

1

2

3

4

1｜卡蘭德漢（Kalenderhane）清真寺原來是一座拜占庭教堂，自西元六世紀至今經歷了希臘東正教、天主教和回教，就像伊斯坦堡的縮影。

2｜午后的歐塔克伊清真寺內部。

3｜伊斯坦堡的街道。幾乎家家戶戶都在屋外裝了衛視小耳朵，形成特殊的街景。

4｜棉堡的冬天景致，略帶滄桑。

布爾薩

布爾薩曾經是絲路的起點和終點，直到現在都還是絲織品的重鎮，連英國女王到土耳其訪問時都專程到這裡最知名的絲綢市場Koza Han購物，雖然她只在這裡花了三百英鎊，卻有很多店家掛有跟她的合照！

布爾薩也是奧圖曼土耳其帝國的第一個首都；蒙古人成吉思汗曾經來統治過十年……這些都是我從沙發主人諾利斯帶我去參觀的歷史博物館得知的。

關於布爾薩，我也有講不完的故事，但是最想跟你分享的是關於「蘇菲旋轉Semâ」（Dervishes）。

我記得在一部法國電影〈偶然與巧合〉裡第一次看到蘇菲旋轉舞，當時就深受這種忘形神迷的舞蹈所吸引。我好朋友貧窮男也曾經寫過他親眼看到蘇菲旋轉舞的感動，他的描述讓我一直印象深刻。我於是把看蘇菲旋轉舞當成這次到土耳其必須做的大事之一。

出發前，我向一個曾經在伊斯坦堡當過一年交換學生的法國朋友詢問，哪裡可以看到蘇菲旋轉舞，這種事問當地人反而得不到答案！法國朋友告訴我在伊斯坦堡的Galata Mevlevihanesi修道院，每個月的第一個和第三個星期天下午三點有蘇菲教派的旋轉儀式，開放給外人付費參觀，地點是在修道院裡，應該是最佳場所。另外在火車站也有演出。

這裡是從前絲路的起點和終點，今天仍然是重要的絲綢中心。

Koza Han市集的中庭不再有昔日的馬車商人；現今圍繞著中庭的都是賣絲綢的精品店，每件都精美地讓人想買回家。

傳統的蘇菲旋轉舞儀式場地。有樂師演奏傳統樂器、歌隊誦唱的前台，讓我聯想起中國的勾欄；舞台中央有蘇菲信徒以不斷旋轉來向他們心目中的真主祈禱。

我花了昂貴的十五歐元買了票，被告知當晚的表演七點開始，且因為修道院在整修，所以改在戲院裡舉行；我心想在戲院裡的表演一定會少了宗教氣氛，不過機會還是難得，於是還是忍痛買了票。

進入戲院，看到已經有穿白袍的男人和紅衣女人在台上了，原來是為了拍攝某宣傳影片，與我們要看的表演無關。但是兩個舞者隨便轉個幾圈就已經讓我目眩神迷、深深受到吸引。

不久，影片拍攝完畢，表演正式開始。

先是音樂演奏和演唱，重複的節奏嚴重催眠，要不是有一堆觀光客拚命地用閃光燈拍照，我想我可能早已經昏睡八次！

舞者出場了，表情嚴肅莊重。樂師繼續演奏與誦唱，這時候我竟然看到其中一個舞者打了個呵欠！

舞者終於在超過半小時之後開始旋轉，每五分鐘停一次，轉了大概十五分鐘就結束了。

我對這個表演有點失望，大概期望太高了——人家都說他們可以轉好幾個小時，直到如乩童般忘形神迷的境界，我卻覺得當晚的舞者心裡直想著要回家！而且太多的閃光燈干擾我了，坐在我後面的女士更是不停地說著我聽不懂的話，好像她旁邊的男人也聽不懂似的一直重複，一次比一次大聲！

幸好舞者沒有出來謝幕，讓我還能強迫自己相信這是一場
蘇菲教派的儀式，而不是演員隨便轉幾圈的騙錢把戲。不
過我必須承認，除了剛開始不在表演節目範圍內的那幾個
旋轉之外，我沒有受到感動。

在喀帕多奇亞的時候，下榻的青年旅館的主人也向我推銷
蘇菲旋轉舞的表演：「還有肚皮舞、傳統音樂，並且供應
晚餐，絕對值回票價。」天啊，我想起我們鄉下婚宴的脫
衣舞表演，如果加上乩童演出會成什麼樣子？不用了，謝
謝。

直到在曼尼薩的沙發主人火山帶我去參觀蘇菲教派修道
院，才小小彌補了我的遺憾。

到布爾薩這個城市的時候，我並沒有期待要看到蘇菲旋轉
舞，因為我知道蘇菲教派的大本營在孔亞（Konya）這個
城市，要看正統的蘇菲儀式最好是去那裡看。不過我見人
就抱怨在伊斯坦堡花大錢看假表演的經驗，竟然讓我得到
了一次真正參與蘇菲儀式的機會。

原來我的沙發主人諾利斯是蘇菲教徒，他說在布爾薩有一
個蘇菲文化中心，蘇菲教派的人每天八點都會在那裡舉行
旋轉舞儀式，他可以帶我去看，而且免費，還奉茶！
Karabas-I Veli文化中心是蘇菲教派的人聚集的場所，也
是他們宣揚蘇菲教義的中心（註七）。諾利斯告訴我，蘇
菲教派的人不一定要是穆斯林，其他宗教的人只要願意遵

旋轉時右手朝上左手朝下：表示右
手從上帝之處獲得，通過心臟，左
手向下給予布施。我的沙發主人諾
利斯告訴我：蘇菲信徒很注重慈悲
心。

註七｜www.osmangazi.bel.tr

長時間的旋轉，幾乎進入忘形神迷的境界。我真想敲開看看他們的耳規管長什麼樣子！

從Mevlânâ所留下來的長詩中所提倡的生活方式，也可以成為蘇菲教徒。

雖然蘇菲教派一直被歸類為神祕教派，但是他們的儀式卻歡迎外人參觀，當晚來參加儀式的人都對我很友善。

諾利斯告訴我，他小時候接受蘇菲旋轉訓練的方法：左腳釘死在地上，只用右腳旋轉。他說通常要經過兩年的訓練才能在外人面前呈現。

文化中心的儀式廳並不大，只能容納五個人旋轉；想要旋轉的人都可以主動報名，多的人可以自己在別的場地或家裡轉。

蘇菲教徒透過誦詩唱詩以及旋轉而與上帝接近，所以儀式中有樂師和歌隊以及旋轉舞者。

領導者在耳邊輕輕祝願之後就開始旋轉了，轉了將近五十分鐘才停止，舞者早已經進入忘形神迷的境界。我深深受到感動，彷彿透過他們近乎人神合一的境界，讓我看到有真主的存在。

聽說在孔亞的大廳，可以容納百人旋轉，通常可以轉上兩小時或更久。我真想去看看。不過我也忽然想起朋友Shing告訴我，他在巴黎曾經花了很多錢看過蘇菲舞者轉了兩個小時，無聊到極點，昏睡八次！

終場：皮耶‧洛帝咖啡館
我答應帶我去皮耶‧洛帝故居參觀的朋友，總有一天我會去伊斯坦堡以他命名的咖啡館喝茶並且拍一張照片留念。

重返伊斯坦堡

我又再次回到伊斯坦堡，這回的沙發是在歐洲區的一個法國人家裡。

我很仔細地參觀了觀光客該去的景點。

托普卡珀皇宮（Topkapı Sarayı）讓我發現突厥人不改游牧民族住帳篷的習性，連皇宮都是小小分開一格一格的，只有後宮三千佳麗住的地方被圍成一區。

聖索菲亞大教堂讓我起雞皮疙瘩，這個被拜占庭帝國用來炫耀國力的超大型教堂，後來被改成清真寺，兩個宗教在同一個地方存在，它的歷史意義跟它巨大的建築一樣讓人驚嘆不已。

我為我的沙發主人煮了麻辣火鍋，當晚有八個人享用。

為了顯示土耳其的歐洲化而蓋的多瑪巴切皇宮（Dol-mabahçe Sarayı）充滿了巴洛克、洛可可、新藝術的歐洲風格，直到今天，土耳其還是繼續為了進入歐盟而努力，他們可能忘了自己大部分的土地在亞洲！

因為沙發主人的關係，我參加了一個Erasmus（註八）的聚會，這是一個交換學生的計畫，很多年輕學子藉由這樣的機會，到新的國度去了解另一個國家的文化，我對這些學生充滿了羨慕與嫉妒，真恨我年輕的時候沒有這種交換學生的計畫存在！我在法國也接觸過將近十個台灣來的交換學生，可見現在的年輕人比我幸福多了。啊，真希望自己年輕十五歲，我也想要到土耳其當交換學生一年！

多年以後，我終於來到皮耶‧洛帝咖啡館，向這位我喜愛的旅遊作家致敬。咖啡館的銅製熱水爐上刻有皮耶‧洛帝的土耳其名字。

註八｜
Erasmus是歐洲三十個國家簽訂的大學生交換計畫，獎助學生到其他國家進行三個月到一年的學習；目前歐洲有至少百分之一的學生參與。另有非歐洲學生也能申請的Erasmus mundus交換計畫。

我詳視咖啡館內所擺設的皮耶‧洛帝遺物和照片，遙想他當年的愛戀，卻陷入了自己的鄉愁。

註九｜

Pierre Loti（1850-1923）是個很奇特的作家，身為海軍軍官的他曾經旅遊世界各地，並寫下諸多受其旅遊影響或以他鄉異國為背景的書，算是早期法國最有名的「旅遊作家」（著有《冰島漁夫》（Pech-eur d'Islande）、《菊夫人》（Ma-dame Chrysantheme）、《北京末日》（Les Derniers Jours de Pekin）等書，然而構成我說他奇特的理由並不是他的見多識廣，而是他的扮裝嗜好、他幾近瘋狂的室內「設計」（包括一間土耳其風格的房間），以及他所辦過的知名主題派對。他的奇特個性和旅遊帶回來的紀念品品味，完全展示在他位於法國侯榭佛市，令人驚嘆連連的家中。

然後，我終於到了位於伊毓普（Eyüp）山上的皮耶‧洛帝咖啡館（Café Pierre Loti），完成了我多年來的心願。

我先參觀了伊毓普的清真寺，這裡對回教徒而言是很重要的聖地，因為它是穆斯林領導者Ayub Ansari的長眠之地，我看到很多專程前來朝拜的穆斯林，他們虔誠的面容讓我感動。

清真寺旁的市集則是觀察當地生活的好地點，這裡觀光客不多，可以看到真正土耳其人的生活樣貌。

從清真寺旁的墓園沿著上坡路拾級而上，登頂來到了以皮耶‧洛帝命名的咖啡廳。燒茶的大銅爐上還烙有皮耶‧洛帝的字樣，隔壁有賣他寫的遊記等文學作品和紀念品的小店。

從戶外咖啡座可以俯瞰伊斯坦堡，難怪皮耶‧洛帝會愛上這裡。他是我的偶像，我想把它當成土耳其之旅的最後一站再適合也不過了（註九）。

我在皮耶‧洛帝咖啡館的戶外咖啡座停留很久，看著伊斯坦堡，還真真體會出帕慕克所說的「呼愁」；那不只是土耳其人的集體憂傷，還有，我的鄉愁。

我的家，在博斯普魯斯海峽的另外一邊，八千公里之外。

我從小就深深為神祕的獅身人面像與埃及金字塔著迷，卻忘了今天的埃及早就不可同日而語。

旅行讓我體會了「孤獨是自由的必要條件」。

對於埃及的印象，其實一直停留在古老的神話階段，金字塔、法老、木乃伊、摩西渡紅海，甚至漫畫《尼羅河的女兒》……我深深受到這些古老傳說的吸引，決心親身揭開它神祕的面紗。然而我卻忘了，我所知道的那些埃及已經在幾千年前消失了，現在的埃及早就是一個我不甚了解的回教世界，而且因為貧窮腐蝕人心，在觀光客出沒的地方，到處潛藏著受騙的危機。

現在的埃及處處呈現出落後的景象。

「聽說在埃及會說英文的都是騙子！」韋恩在事發後這樣告訴我，已經太遲了。

「他們還說去金字塔千萬別騎上駱駝，因為會被帶到金字塔後面，不給個五十美金不放你下來！」馬帝亞也這樣說，幸好我並沒有接受駱駝伕的慫恿。

但是，我騎上了馬！

大部分來埃及旅遊的人都是跟團來的，集體行動加上有當地導遊的陪伴，反而比較少受到不肖分子的騷擾；像我這樣單獨行動的觀光客於是成了剝削的目標，我娘一直擔心太老實的我在外受到欺負的事一再發生，這個個性上的缺點讓我在埃及吃盡了苦頭。

沒有法老王與祭司，現在的埃及早已是個回教國家。

因為不好意思以兇狠的態度跟計程車司機大聲討價還價而被多收費用是必然的，幸好學會了乘坐供當地人使用的破爛小巴之後不再發生；接受主動來幫助的陌生人恩惠，說要幫助我殺價買東西，其實是利用我語言不通的弱點從商家那裡賺取佣金的事一直重複；禮貌回應小販的假意親

開羅市中心忙碌混亂，連過馬路都要警察維持秩序，紅燈的時候必須把路口用鐵欄杆圍起來！

汽車、馬車、驢子拉車在路上爭道行駛，在路邊並列停車，讓人很難相信我們已經在二十一世紀。

切問候之後被沒完沒了兜售、不買他就不走的死纏從不間斷。仔細算一算，這些人可以從我身上賺取的錢，其實對我而言微不足道，可是他們的行為大大影響了我的心情，更嚴重的是他們讓我失去對埃及人的信任，變成一個時時刻刻都在提防小人的旅行者，想想自己臉上猙獰的表情，自己都要覺得恐怖。

我在埃及一星期之後，已經可以對市集裡銷售員的問候視而不見聽而不聞（除了一個在菜市場向我招手，要我買活生生的鴿子的老人之外──「他瞎了眼嗎？我一個觀光客要買鴿子幫我送明信片嗎？」我心裡這樣說，嘴裡則對他說不，並且看到他被我拒絕後哀傷的眼光），對於善意的微笑也能假裝沒看見或聽不懂，我變成了一個沒有禮貌、面無表情的冷血動物。

即使這樣，我還是讓接下來的事情發生了……

我已經學會了搭乘小巴和捷運，並且付跟當地人一樣的價錢，連當地慣用的印度數字從零到九我也學了（奇怪的阿拉伯人把數字流傳出去之後，自己反而繼續使用古老的印度數字），對於要去的地方已經先學會了阿拉伯語發音，轉車沒問題，即使必要時也知道怎麼問不會講英文、前額因為勤於磕頭禱告而印堂發黑的人，那些跟我一起搭車的虔誠回教徒該不會在上班途中看到一個觀光客，就忽然決定來騙我一下玩玩吧！加上在捷運上熱心幫助我的好人們，我失去了好不容易建立起來的戒心，悲劇於是一步步上演。

我們要去撒喀拉（Saqqarah）看最古老的金字塔，旅遊
書上說通常遊客會搭計程車去，不過還是列舉了如何利用
公共交通工具複雜地轉乘多次而終能抵達的方法。

在搭上最後一班小巴之前，一個自稱Moudi的人出現了，
「那是『月亮』的意思。」他說，他自稱來自我們要去的
撒喀拉小村莊。他並且知道像我們這樣選擇搭小巴的旅者
想要試著融入當地人生活的想望，對我們發出了去他家吃
道地料理、體驗當地人吃飯習慣的邀請；我先是對吃無法
拒絕，再者因為我住在埃及的有錢人家裡，幾天以來過著
如在歐美般我所習慣的生活，我是真的很想看看一般人家
裡長什麼樣子。於是跟這個叫Moudi的男子越聊越起勁，
尤其是跟我同行的女伴，她更是幾乎在短時間內跟Moudi
成了莫逆之交。就這樣，我們沒有察覺其實已經在愉快的
交談中被帶到一個充滿謊言的陷阱。

旅遊書上說撒喀拉腹地廣大，參觀時最好有交通工具，建
議租車或者騎馬，Moudi說他可以用埃及當地人的價錢，
幫我們向他所認識的村民租到馬，並且用阿拉伯語跟他們
商量好參觀路線，免得我們受騙，他還說會在金字塔出口
等我們，接我們到他家喝茶，告訴我們即將去的亞歷山卓
城有什麼可看，他住在那裡的姊姊家裡有地方讓我們住，
他甚至還堅持幫我們付了小巴的錢，然後找了一台還能跑
的古董計程車把我們載到馬伕家裡。一切真是太完美了。
馬主人對於我們希望在兩個小時內參觀卓瑟（Djoser）金
字塔、提的墳墓（Mastaba of Ti）的要求面露難色，可

去撒喀拉的路上，經過吉薩市區，
看到普羅大眾的日常生活。

在看到吉薩的金字塔之後，我就開始懷疑我們受騙了。

是因為我的旅遊書上說這是可能的，他也終於對我們的要求點頭了。

我們於是付了錢、騎上馬，英姿煥發地上路了。

一分鐘後我看到熟悉的吉薩（Giza）金字塔，竟然還沒有發現其實已經被騙。陪同我們的馬伕阿布杜拉（意思是「真神阿拉的奴隸」）──一個看來一臉正直的年輕小伙子──問我是否知道我要去哪裡，他應該已經知道我們被騙而想確定我們知道目的地是撒喀拉而不是吉薩。「那裡很遠喔！」他警告我們，我說我知道古老的曼菲斯是個大城，整個金字塔區域範圍很廣，你的老闆已經答應我們，兩個小時內可以參觀完我們想去的地方，就算馬跑死了，你也要帶領我們完成行程！

阿布杜拉一路上心情很不好，可能因為自己接了個不可能的任務，也可能是不忍心加入這場騙局，他除了盡量讓馬趕路之外，偶爾還幫我們拍拍照。我們於是騎在馬上，在一望無際、什麼都沒有的沙漠裡往分辨不出方向的地方前進，一路上沒有看到任何生物。我從來都不知道自己會騎馬，儘管「騎馬在遼闊的蒙古大草原馳騁」是我今生最大的想望，但在沙漠中騎著馬鞍馬彎質差且已經被過度使用的馬又跑又跳、還得不時停下來等我的女伴（她也沒騎過馬，只要馬一跑她就尖叫「停！」）的經驗卻不在我這次的埃及之旅計畫中。

將近四個小時之後，我們終於抵達一個廢棄的金字塔區阿部錫（Abousir），距離撒喀拉還有數公里！

1

2

3

1｜卡納（Carnak）神殿裡的一百三十
四根巨圓柱整齊排列成林，有著震撼人
心的強大力量。

2｜尼羅河上的夕陽是我難忘的景象。

3｜牆上的這些雕刻，訴說著幾千年前的
故事，描述當時的生活方式，讓我心馳
神往。

4｜埃及女王Hatchepsout為自己建的
神殿，壯觀到幾乎令人屏息。

4

我覺得自己已經快在沙漠中枯槁而死，讓阿布杜拉幫我們
拍了幾張照片之後，我說咱們回去吧，我的背已廢、不能
再騎馬了。

阿布杜拉也說時間早就已經超過我們的付費時數，無論如
何得結束行程了，問我們要騎馬回去還是搭車，我想聰明
的你應該知道我們的選擇，於是他帶我們到阿部錫小村
莊。我的女伴一離開沙漠到達道路上就跳下馬，攔了一台
摩托車搭載她；沒有薪水、只靠顧客的小費作為收入的馬
伕，在她這樣的舉動之後，應該已經知道今天他是做了白
工了，他把我和馬繼續引領到有人居住的小村莊裡拋棄，
然後騎馬揚長而去。我攔下一台載著一群回教男人去清真
寺禱告的小貨車，讓女伴坐前座，自己追著開動的車子跳
上後座，跟一群穿戴整齊、面露淳樸笑容的男人擠，這時
候我決定上警察局舉發這件令人難以容忍的荒謬劇，居然
有人會為了五歐元而把兩個無辜的觀光客騙到危險的沙漠
裡，如果我說我們是死裡逃生一點都不誇張，難道我們的
生命那麼不值錢嗎？貧窮泯滅人心的事實真真讓人心寒。

靠著一些人的幫忙，警察終於知道發生了什麼事，大概覺
得聽來還算正常，有人被騙應該是天天上演的戲劇，沒什
麼大不了的。這時候我的女伴使出了女人的絕招：「他『
碰』我！」學戲劇的她眼中含著淚、全身顫抖地向警察
指控我們的馬伕。原本說好，為了把錢要回來我要表演昏
倒，讓警察知道我們在沙漠中所吃的苦，可她來這一招，
我裝死也贏不過她了！

在馬上騎了四個小時之後，我們只
能遠遠地看到目的地撒喀拉。

性侵婦女在回教國家不但是法律上的重罪，還是全民所不能容忍的滔天大罪，警察不辦也不行。聽完我們的描述後，警察帶著我們找到馬主人家，一到達就先把馬伕揪出來痛毆一頓，旁邊的人聽說他「碰」了眼前的女人也跟著痛毆他，不顧我的女伴喊著：「別打！」

很快的馬主人歸還我們付給他的所有費用，大家開始請求我的女伴原諒馬伕的不懂事，跟她解釋，其實他碰到她只是為了要讓她在馬上更安穩，那是他的工作；根據女伴的說法，他碰到了她的大腿和腰際三次，在她的斥責後就沒有再碰了，馬伕揮鞭要馬快走趕路，馬兒於是跳躍讓我的女伴幾乎墜馬，這被她解釋成對斥責的報復，我不是當事人，不能體會女伴所受的欺負，但是看馬伕被打成那樣，覺得即使如女伴所講的摸了她三次，這樣的懲罰也夠了。

經過我的觀察，埃及人是習於親密的，男人在街上走路會互相牽扶著手，跟人說話的時候靠得很近，男人有機會跟女觀光客合照的時候，會習慣性、近乎挑逗地摟著她的肩膀和腰際，這是他們的文化。數天來，我的女伴一直跟我說那些跟她合照的男人摸她，連八歲和十歲的小男生也一樣！所以我覺得以她這樣的標準，實在不能把她所描述的馬伕的舉動當成性侵犯。她於是也在馬伕被迫道歉後（他一直發誓沒碰她，卻在被多人連續痛毆後，在女伴面前發誓不會再犯了），決定原諒他了。我以為這場戲就此結束。

回到警局做筆錄的時候，女伴堅持在報告裡寫上馬伕

「碰」她的經過，警察局長說這樣寫就一定得將馬伕移送法辦，因為那是公訴罪，如果真的原諒他，請不要在報告上這麼寫。我的旅伴不知道哪根筋不對，嘴裡口口聲聲說已經原諒馬伕，卻堅持不更改筆錄。於是警長又把馬伕用手銬帶來毒打一頓，一直懇求我的女伴五個小時後，在她堅持不改筆錄的情況下，我們可以回家了，馬伕則必須接受審判，被送入監牢，留下性侵婦女的罪名污點。

離開警局之後，我的女伴以勝利的口氣在電話中邀請我們認識的沙發客去慶祝狂歡，「但是要小心我喔，我知道如何把你送到監牢去！」她非常得意地說，之後也把這個過程當成光榮事蹟到處與人分享。為了能在自己的旅行經歷中有個好向其他人炫耀的奇特紀錄而把一個無辜少年送到監獄這件事，已經超乎我所能容忍的範圍；她怪我身為朋友沒能站在她這一邊，反而跟著大家一樣勸她改筆錄，我說我決定站在真理這一邊。

不論真實過程如何，我知道我身旁這個只見過一次面就答應讓她跟我一起到埃及玩的女生，不再適合當我的旅伴了，這個完全不做旅行功課、只會抱怨我的旅行計畫的人，只會毀了我的旅遊心情，而且她也不適合當沙發客（她認為我們會被收留是因為她的美色、她把沙發主人的付出視為必然，在主人說「把這裡當自己家」之後，把房子弄得像自己家一樣亂……）。經過這件事之後，我可能必須花很多時間思考，才能決定要不要原諒她把無辜的馬伕送進監牢的行為、是不是能繼續跟她做朋友。由於我人在

現場，看到無辜的人受害，我的心之難受外人難以想像。

我於是決定單飛，獨自去亞歷山卓城參觀。接待我的沙發客並沒有像我的女伴所想像的，因為她沒出現而對我冷落，反而因為沒有這個大言不慚地說出「我不是埃及人，所以可以在你們吃飯的時候把腳放在桌子上，因為這樣我比較舒服」的女人在場，而可以跟我分享男人之間的祕密。

兩天裡，阿罕默德和魯西迪帶我到處參觀、帶我去吃道地的海產、美味的冰淇淋，向已經關門的清真寺商量讓我進去探看並拍照……雖然沒有美色，他們在了解我的個人特質並真心與我相處後，和我成了幾乎稱兄道弟的朋友；他們也對台灣充滿了好奇，並在我的介紹後，希望有一天也能到台灣走一遭；阿罕默德決定把我送給他的「吉羊獻瑞」版畫裱框掛在進門立刻可見的玄關處；我們還相約下次我再來埃及，一定要安排一起去外省旅行。

在亞歷山卓城的短短兩天，因為沒有不對的旅伴，竟然成為我這次埃及之旅最棒的時光。

坐在回程的火車上，想起曾經看過的一個羅伯‧威爾森（Robert Wilson）做的錄影藝術，螢幕上是高行健的臉部特寫，然後一個法文句子慢慢在他臉上像被書寫一樣呈現：「La solitude est une condition nécessaire de la liberté.」（孤獨是自由的必要條件。）我如釋重負般地對自己說：「能獨自一個人旅行真好！」

亞歷山大大帝於兩千多年前欽點這個濱海小漁村，將之建立為亞歷山卓城。本城最著名的亞歷山大圖書館前立有他的銅像。

在西奈半島紅海旁的草屋中度過優哉游哉的五天，是近年來最放鬆的旅行經驗。

旅行者要有「永續旅遊」的概念，在旅行增長見聞的同時也協助了當地經濟與地球的永續發展。

當我躺在位於紅海旁的度假草屋門前躺椅上數著流星的瞬間，我忽然領悟到自己已經很久沒有這樣，什麼事也沒做地度假了！

看到我這樣寫的朋友一定會認為我睜著眼睛說瞎話，因為我根本就是來巴黎度長假的，這一度也已經快六年了，每次回email都是在不同的國家，偶爾打電話回台灣家裡說的第一句話也是：「我回到巴黎了。」即使人在巴黎，我也是馬不停蹄地參加很多活動，看美術館的展覽和電影什麼的，在自己的城市做的事跟旅行時做的事沒兩樣；這樣說起來，我去西奈半島那個叫做紐威巴（Noueiba）的小鎮，在紅海邊的沙灘上無所事事地大休息了五天，還真的是這些年來難得的一次「純度假」經驗呢！

在我看來，旅行跟度假是不同的。我是個上了旅行的癮的人，「在路上」的時間比在自家沙發上多，旅行之前我都會勤做功課，到了目的地之後就會開始按照計畫，去參觀那些想去的地方：自然風景、名勝古蹟、博物館和藝廊之類的，並且學習跟當地人一樣使用公共交通工具、品嚐道地物美價廉的料理、盡力接觸並試著了解當地風俗民情和文化；即使只是毫無目的地的漫遊，也會用好奇的眼光去發現新事物、學習新知識，絕對不會只是窩在飯店裡或別人家的沙發上。這樣的「旅行」不但讓我增廣見聞，也能讓我發現自己被安逸生活所埋沒的本能。

然而「度假」卻又是另外一種方式了。幸運的法國人每年有超過三十天的假期，他們常常選擇去海邊或山上租個房

在紅海邊的沙灘上睡午覺、看書、逗狗玩、浮潛、吃飯，我們的活動就這樣了。

在尼羅河上搭遊河船felucca是不容錯過的行程。我們搭的船名叫Nefertiti，古埃及王后名，意為「美的降臨」，被公認為埃及最美的女人，她最出名的頭像是柏林新美術館（Neues Museum）最受歡迎的收藏。船主哈山是我們遇到唯一一個誠實的商人，我和他的家人在尼羅河上看夕陽、抽水煙，度過了愉快的時光。（Nefertiti Felucca：hassanabdalraheem@yahoo.com）

夜間的盧克索（Luxor）神殿在燈光
照耀下更是迷人。

卡納神殿外原本綿延數公里的雕
像。

子，然後無所事事地曬曬太陽、看看書，在大自然中充分休息，不用急著一定要去做什麼事，有了充分的休息之後，可以有足夠的能量應付接下來大半年的工作，這樣的休閒方式才算是「度假」。

我一直在想，我的西奈半島純度假經驗會如此美好，應該是因為它全屬意外。

在抵達埃及之前，我已經在路上旅行超過兩個月了，疲憊的我於是告訴我在開羅的沙發主人阿姆：我只想看金字塔，那是我從小以來的心願，其他的時間我決定要隨遇而安。而且我在埃及的第一個星期剛好是回教徒的齋戒月，白天除了麥當勞之外，幾乎都找不到吃的（於是我寧可挨餓），餓著肚子，我也沒什麼心情觀光。阿姆說要看金字塔太容易了，一天就可以解決。於是他建議我去中南部看看千年神殿和帝王墓之類的古蹟，我於是看到了讓我嘆為觀止、在大熱天裡感動到起雞皮疙瘩、久久不忍離去的卡納神殿，也有了一趟難忘的尼羅河遊船上看夕陽之旅。

接著還有很多天假期怎麼辦呢？阿姆說他工作壓力大的時候，總是會找時間到西奈半島的一個度假營區去放鬆，到埃及一週後，齋戒月也結束了，趁著齋戒月結束之後的Eid Al Fitr假期，他願意帶我一起去。這一趟完全在我計畫之外的度假之旅，竟然成了我在埃及最最難忘的回憶。

先說說阿姆吧。他是個二十三歲的埃及大男孩，卻因為生活經驗豐富而有著老靈魂，所以我們的相處沒有問題；曾經跟隨當大使的父親在香港住過四年並在那裡完成學業，所以對亞洲文化並不陌生，反而是因為生活階級的差異，讓他對埃及的當代普羅大眾生活感到陌生，他和所有埃及的富人階級一樣，沒搭過地鐵，出門不是開車就是搭計程車，買生活用品的方式是打電話叫人送到家裡來，我要煮一頓亞洲料理回報他的招待，忘了買米，他說：「別下樓去買了，我讓人送上來！」當他的國家有絕大多數的人每個月收入不到三十美金的時候，他每個月所付的房租是八百美金。我住在他的頂樓公寓裡，大陽台上有個小型移動式游泳池，天氣好的時候可以邊泡水邊遙望稍遠處的金字塔。

阿姆沉迷於東方的武術，答應讓我睡他家沙發，是因為以為我可以跟他切磋功夫，不斷地建議我跟他過幾招！我因為貪圖要他帶我去西奈半島度假，告訴他切磋中國武術最好是在大自然裡，咱們到海邊的沙灘上再來過招吧！

於是在阿姆先餵我幾口足以讓我放鬆的菸後，我們上了他的飛車，我驚訝地在後座的位子上發現了車子的後視鏡，那不是應該掛在駕駛頭部右前方的嗎？正要跟我的駕駛反應的時候，看到左邊一台連左右視鏡都沒有的車子、右邊一台後座塞滿了衣物的車子、前面是一台沒有車牌的，還沒來得及對這些公路奇景做出反應，就又看到一匹驢子拉著四輪車叮叮咚咚地緩步前行，在二十一世紀看到這樣的

我在開羅的沙發主人家裡陽台上有小型游泳池，躺在裡面一邊消暑一邊遠眺金字塔，極度享受。

紅海總是風平浪靜，沒有誇張的聲勢，卻有種媚惑人之美。

情形，還真讓我感到錯愕；我想埃及的交通法大概是全世界最鬆的吧！我們正在高速公路上耶！將近一小時之後，我們進入西奈半島的範圍，幾乎看不到什麼車子了，沿路至少有五個小時在沙漠中，一條路孤零零地在荒地裡展開，路的兩旁是一望無際的空曠，荒蕪貧瘠的土地讓我不禁要擔心：這裡的人都靠什麼生活？不過事實上大概也沒有多少人住在沙漠裡，可能就是一些游牧的貝督因人（註一）吧。

六個小時之後，我們來到一個叫做紐威巴的海邊小鎮，它其實是由綿延的度假營區構成，我們住的度假營區叫做三杯茶（Kum Kum 3），經營者是土生土長的貝督因人，營區名稱來自於貝督因習俗：用三杯茶來對客人表示最高歡迎之意。

如果讓我自己選擇度假營區，堅持「永續旅遊」的我也會選Kum Kum 3，因為它的經營完全符合永續旅遊的定義：透過某種層次的觀光活動，讓旅遊所在地的社會文化、地方經濟及自然環境產生平衡獲利，進而讓當地的旅遊環境及事業得以長久維繫。

Kum Kum 3的所有員工都是當地的貝督因人，所提供的食物都來自當地，這為當地帶來就業機會，當地人可以因為觀光客的消費而改善生活；主人還讓當地的貝督因婦女以不推銷不干擾客人的方式，靜靜地進來販賣她們的手工藝品，她們（每天一到四人不等）總是全身包裹黑布，躲在角落裡編串首飾，跟大城市裡的強迫推銷完全相反，

註一｜
貝督因人（Beduin，阿拉伯語作Badawi，意思為荒原上的遊牧民），阿拉伯人的一支，分佈在西亞和北非廣闊的沙漠和荒原地區。

1

2

3

1｜我們住的Kum Kum 3，像是天堂裡的一個寧靜的角落。

2｜紅海之所以被稱為紅海，並不是海水紅，而是旁邊的山紅土紅，在陽光的映照下整個海面也成了紅色。

3｜我們吃早餐、進行燭光晚會的地方，在還沒有人起床的清晨，我也會在這裡練瑜伽。

4｜夜間氣溫仍然居高不下，我總是在屋外的躺椅上數流星數到睡著，清晨再被日出喚醒。

4

這更是吸引了我的光顧，而我當然是以幫助他們生活的名
義、不過度消費地買夠了給朋友和自己的禮物，還送給她
們的小孩原子筆，完全沒有血拚購物的罪惡感，我這麼做
可算是幫助了當地的經濟發展呢！

晚上我們會聚集在一起同樂，不分
國籍與種族。

除了在海邊用天然材料搭的草屋之外，Kum Kum 3沒有
其他過度的人工建設，草屋裡連電力都沒有，在月光星光
下，其實我們也看得見去廁所的路，在這裡我們過著近乎
自然原始卻也更迷人的五天生活（我是說習於城市生活的
我可能無法這樣生活一個月）。

永續旅遊的概念在這裡被實施得很徹底，我們吃當地生產
的食物，主人會來分享當地民俗，不用每天換浴巾床單的
問題並不存在，因為根本就沒有那些東西（每天只付兩歐
元住房費的我也沒什麼好苛求的）；向當地人消費，幫助
他們的生活也是必然的，因為沒有別人在賣東西！而這也
並不是不得已的，那些包裹全身的回教婦女開出的價錢是
城市裡的十分之一，我恨不得把所有東西買下來呢！而且
當地食物好吃又便宜，白天也可以吃得到東西（齋戒月終
於結束了）。

當阿姆跟我說紐威巴一邊是山一邊是紅海的時候，我原本
計畫每天早上找一條路線到山上健行，下午則到海裡游
泳，晚上就吃喝到睡著為止。結果這樣的計畫實際上是行
不通的，因為西奈半島的山是沙漠山，不但沒有半棵樹還
寸草不生，在白天四十度以上的高溫去那裡健行等於跟自

從我的草屋外望出去，對面就是沙烏地阿拉伯，我每天都可以看到美麗的日出。

己過不去。於是我只好放棄樂山的想法，乖乖地在我離海水只有五公尺的草屋外過著看海的日子（草屋內太熱了）。唯一後悔的是沒有跟一對以色列愛侶去爬西奈山，那是聖經裡記載摩西和上帝對話而拿到十誡的聖地，通常晚上十點搭計程車出發，十二點到達山腳後，花四小時登上摩西與上帝對話之處，喝喝咖啡等待日出，再沿原路回營區；我當時覺得這樣的行程聽起來頗無聊，只有猶太人才會覺得去那裡很重要，後來錯過機會之後才懊悔，搞不好這個不一樣的行程會是五天假期的高潮呢，不過「C'est la vie！」（這就是人生！）我只好繼續向前看。

我在Kum Kum 3過著與世無爭的日子。每天晚上都躺在草屋外的躺椅上看滿天星和銀河，數流星數到睡著，天地吾廬我就睡在大自然裡；早上天有微光即醒，在門前躺椅上，看隔著紅海從對面沙烏地阿拉伯山上升起的日出，然後就著朝日做瑜伽，早餐吃當地傳統食物後看看海，然後去浮潛，在清澈見底的紅海裡跟大大小小、千百成群或形單影隻、各種顏色鮮豔的熱帶魚共泳，看到了很多我這輩子沒見過的魚，河豚、魟魚、獅子魚、石頭魚等等危險魚類就在我沒有衣物蔽體的身旁泅泳，冷不防的又有一千隻藍色熱帶魚從我身後游來，再來一群半透明的小魚，忽然又踩到一團軟黏的東西，原來是巨大的八爪魚！看著眼前豐富而色彩繽紛的景象，我終於了解為什麼蘭妮·萊芬斯坦（因為幫希特勒拍片而著名的德國電影導演）老了還要謊報年齡去拿國際潛水執照，沉醉於海底世界。

午餐之後是午覺，看看無關緊要的書後繼續浮潛，或躺在氣墊上隨波逐流，然後跟新認識的朋友們趁退潮把飲料搬到海裡泡在水中暢飲……晚上營區主人會來跟我們閒聊，講述貝督因人的傳統，還就著營火唱起傳統歌謠，有人擊鼓、有人彈吉他。第一天晚上，營區的主人心血來潮，還規定大家在他唱完傳統貝督因歌謠之後，也要唱自己的傳統歌謠跟大家分享（幸好沒實現，否則我的「蘇三起解」可能會把所有人的high都解了）；來自不同國籍的人在這裡共享喜樂，連原本互相憎恨的埃及人和以色列人都能在這裡和平相處。一切就像是在消失的天堂裡。

沒有一定要進行的行程、沒有一定要參觀的景點，時間彷彿靜止（我必須上發條才會走的手錶被我遺忘），我真真實實地度過了一個無憂無慮、全然放鬆、並且合乎永續旅遊要求的假期。如此真好。

1

1｜退潮後沙洲浮現，海水低淺，可以踏浪出海幾乎一公里。
2｜把飲料和音樂帶到海裡，成了海上酒吧，黃昏中躺在水裡cheer out，真是享受。
3｜薩伊德徒手在海裡「抓」到的劍魚，這魚也未免太笨了！
4｜三杯茶營區僱用的都是當地的貝督因人。

2

3

4

八月的阿爾卑斯山上仍有殘雪，景色宜人，氣候溫和，最適合健行。

奧地利阿爾卑斯山健行 Zillertal

旅行是經由親近並花時間與大自然相處的過程，體會天地真美。

台灣有很多山，可是台灣人愛山的程度卻不及喜歡健行的歐洲人，近在咫尺的東西我們越是離它遠；來到歐洲之後，我必須先坐四小時火車到德國，再開車八小時才能抵達位於奧地利齊勒塔爾（Zillertal）的阿爾卑斯山度假小屋，二〇〇六年夏天，我和朋友們在那裡待上一個星期，每天選擇不同的山路健行，這樣的旅行方式，讓我對山上了癮，每年都要來走上一遭。

我在阿爾卑斯山的「沙發」是位於齊勒塔爾河谷的一棟度假屋，由來可以回溯到十年前的一個陌生人的恩惠。
住在德國的馬帝亞因為要到亞洲玩，所以上網結識亞洲人，一九九九年底，他跟當時還住在台灣的我聯絡，說如果我也想到峇里島，他租的度假小屋有沙發可以給我睡；我就這樣千里迢迢飛到峇里島進行我的「盲目約會」（blind date），並且在那裡跨年玩了五天。當時會這麼膽大妄為，是因為同行的還有馬帝亞的老母以及他最要好的朋友克爾特，我想德國人應該不至於在老母面前做出「太超過」的事吧！而馬帝亞的母親也確實在這趟旅行中扮演了重要的角色。第一天就讓我以按摩「收買」的她，接下來的幾天待我如己出，如太后般地讓馬帝亞也跟著視我為兄弟，並且在五天的相處後成為生死至交；我和馬帝亞從此偶爾相約一起出去玩（曾經約在東京、舊金山、巴黎和柏林碰面），他的結婚典禮我還專程飛去科隆當嘉賓，我搬到法國之後，他甚至把他家的備份鑰匙交給我，讓我隨時可以「回家」，自此我每年都會拜訪科隆數次，馬帝

輕裝在風景優美的山區行走，煩惱全消。

奧地利阿爾卑斯山健行 Zillertal

我在奧地利齊勒塔爾住的度假公寓，這個「沙發」的由來，可以追溯到將近十年前的一場「盲目約會」。

山上不知名的小花，好像在學泰戈爾對我說：「請勇往直前，路邊有野花為你開放。」

亞和他的家人成了我在歐洲的至親。

馬帝亞服務的公司每年免費提供阿爾卑斯山的公寓住宿一週作為員工的福利（這樣的福利還真值得其他公司效法），一整層公寓可以住上至少四個人，因為知道我喜愛大自然，所以他到阿爾卑斯山度假也把我邀請來了，還帶上了一整車的食物，他果然是我的知己。

度假公寓的所在地齊勒塔爾河谷位於奧地利和義大利邊境，屬於阿爾卑斯山的蒂羅爾（Tirol）山系，齊勒（Ziller）河流穿其間，風景迷人，就像小天使小蓮的故鄉：高山上的小木屋，住著一個小女孩……
這裡有規畫良好的約一千公里的登山健行路線和四百公里的腳踏車路線，每條路線都在地圖上清楚標示難易程度、所需時間，和你所看到的各個景點：層層疊疊的山巒、溪流、湖泊，甚至特殊動物和植物，以免登山客不慎被咬或像我這樣貪吃的遊客誤食中毒。有些山很高，夏天來還可以看到山上的積雪、滑冰壯漢，以及融雪造成的瀑布；冬天時，整個蒂羅爾山區只有滑雪場開放，其他地區因被雪掩埋而封閉。

我們的度假公寓位於齊勒河的西岸半山腰，三層樓透天厝，還有一個小果園；陽台可以稍微俯瞰河谷，看受觀光客歡迎的蒸氣小火車嘟嘟行駛而過，還可以遠眺對面的山嵐，讓人幽思遼闊。

1

2

3

4

5

6

7

8

9

1｜登山過程中總是會遇到一些咖啡廳，遮陽傘上廣告的是我最喜歡喝的青草汽水Almdudler——我發誓他們沒有付錢給我做廣告！

2｜我們每天都會依照當天的心情和想看的風景，選擇一條不同的登山路線健行。Photo by Matthias Strunz

3｜山上常見的野莓，很好吃。

4‧5｜山上的野花。

6｜馳名遠近的奧地利炸豬排。

7｜齊勒河谷兩邊屬於不同的教區，紅頂的教堂這一區屬於茵斯布魯克紅衣主教管轄。另一邊綠頂的教堂則屬於薩爾斯堡。

8｜從我們住的公寓陽台望出去，對岸河谷的山嵐讓人覺得幽思遼闊。

9｜齊勒塔爾河谷的觀景蒸氣小火車也很受歡迎，坐在火車上就可以欣賞沿岸兩旁優美的風景，吸引了不少老人和小孩，真好。

我們的計畫是每天早上起床，讓我的瑜伽課所帶來的肌肉疼痛把我們從慵懶的度假情緒中喚醒，在豐盛的早餐後選一條登山路線健行，天氣不好的時候就開車去附近的城市參觀，德國的瘋狂國王路德維希二世（Ludwig II）所建的新天鵝堡和奧地利的美麗小城茵斯布魯克（Innsbrucke）都在名單上；晚上則回住處煮大餐吃——我們這幾個人都以美食家自居，愛吃會吃還會煮，尤其是馬帝亞的泰國伴侶鐵和更是了得，他還允許我在旁邊以二廚的名義偷偷做筆記，要讓我以後的沙發主人更愛我。鐵和不但買齊了所有調味料和食材，連電鍋都帶上了。我們每天美食美酒美景為伴，吃了奧地利菜、德國菜、中國菜、義大利菜和許多我最愛的泰國菜，豈不樂哉？

在齊勒塔爾登山健行的過程中，除了美景無限、空氣新鮮、芬多精環抱、乳牛拉屎、溪水潺潺、壯丁半裸、野花處處開、野草莓和野蔓越莓可口、奇石巨岩竄出、單車騎士呼嘯而過、單車騎士摔個狗啃泥、馬帝亞數度在中途以自己過胖為由放棄、小孩被父母逼著走、老人被我們拋在腦後、鳥聲四起、巨木挺拔……之外，我們總是因為心裡有個期待，而走得特別勤快與愉悅。

那個讓我們總是期待的，就是位於山上的咖啡座。這些咖啡座通常大約是每走一個半小時就會遇到一個，這麼完善貼心的設施，讓人即使得花上天價喝杯熱騰騰的咖啡都會心甘情願。我最喜歡坐在冰川對面露天咖啡座曬太陽，一邊欣賞對山豔陽下滑冰的人展示絕技，那真是夏日裡令人

去德國的新天鵝堡是觀光客必盡的義務。

我們還參觀了迷人的小鎮施瓦茨（Shwaz），這裡在中古世紀是銀礦開採中心。

住在這間小木屋的老奶奶不但救了
快渴死的我們一命，還以三十年前
的物價索費！

難忘的特別畫面。

不過最最令我難忘的，卻是標高一八一一公尺的Hoch-alm山上我們遇到的私人咖啡屋。那是我們走了一個多小時的上坡山路後遇到的三間屋，其中一間有活物：一位行動不便的老奶奶和她名叫多明尼克的四歲金髮可愛孫子，還有他們的羊。我們是因為看到木屋外的一個告示牌寫著「總統曾於去年到此一遊」，才敢大膽地喊人出來提供飲料，我們那時已經快道渴而死，鮮羊奶也要喝、天價也要付！我們一行人共喝了一杯牛奶、四杯果汁、兩杯老奶奶建議的特調飲料，還把多明尼克抱來把玩一番，逼問他「姊姊小蓮」在哪哩，而這樣有得喝又有得娛樂的結果，只被要求付二點七歐元，馬帝亞說那是四十年前的價錢，我有著想抱住誠實淳樸慈祥的老奶奶不良於行的腿痛哭的感動！

鐵和煮的泰國菜比我吃過的泰國餐
廳都好，而且在假期中我已經學會
他的一手好菜。以後我的沙發主人
有福了！

我們就這樣每天過著健康的生活，卻又在晚餐的大量美食後，讓運動減肥的努力功虧一簣。我們從簡單的路線走到難的，健行攀爬既累又爽，其中有一天還從奧地利翻過山頂走到義大利。

在這裡的日子彷彿與世隔絕，我得以完全放鬆，爬山時常常久久遇不到人，整個大自然像是只屬於我們幾個人，偶爾遇到山友，他們都會急於打招呼，彷彿久未見到生人的寂寞難耐終於有了出口，可愛極了。我也常常坐在度假公寓的陽台上發呆，比起大都市的緊張生活，我覺得我更喜歡這樣的看山發呆，並且邊發呆邊覺得人生真是美好。

1

2

3

1｜雖然是夏天，可高山上還是可以滑冰，但這小孩也太猴急了，那一小塊冰他也滑！

2｜這乳牛的動作也未免太不雅了！

3｜這兩隻更不雅，我要報警！

4｜看到有人騎越野腳踏車，我真恨我沒帶車子來，然後才又想到，我又沒腳踏車！

5｜有時候，動物也會來跟人爭路。

6｜山上由雪融化而成的小溪，水流潺潺，洗盡無數憂愁。

7｜山區裡有不少像這樣寧謐的湖，雖然湖水沁涼，我們還是會下去游個兩下，真爽。

8｜山上還可以邂逅不少不知名的奇花異草，我常常懷疑他們是否有什麼特別功效。

4

5

6

7

8

結束一週的阿爾卑斯山健康健行生活之後，我們決定南下到義大利，拜訪鐵和沒去過的威尼斯，並且在經過義大利北部Trentino-Alto Adige區的時候買幾箱酒，因為這個小產區的白酒特好，有著剛被割草機劃過的青草味，讓我回憶在阿爾卑斯山被大自然擁抱的美好時光。旅程中還順道一睹著名的玫瑰花園山（Rosengarten）在夕陽照射下如夢似幻的丰朵。

山的另外一邊就是義大利，我們走著走著以為自己在演〈真善美〉。不過不瞞你說，威尼斯我們是開車去的。

豔陽下，我們來到我心目中最浪漫的城市。久違的威尼斯依然美麗，湛藍的天空、黑色的木船、斑駁的牆壁依然為它增添迷人的魅力，曾經讓我有過美麗的邂逅、接著享受一個星期熱戀的聖馬可廣場依然充滿觀光客和鴿子。

我們找到一家我不得不破例告訴你的物美價廉的餐廳用午餐，因為這在威尼斯幾乎是不可能存在了。這家跟所有威尼斯的任何商店一樣深藏在河邊橋旁院子裡的餐廳，為我們的美食之旅畫下了美好的句點，對我的建議有信心的人，即使迷路八次也要盡力找著去（註一）。

在威尼斯難得尋見的一家便宜又美味的義大利餐廳。

和馬帝亞一起參觀像威尼斯這樣的藝術重鎮是對的，因為他本身就是一大本活動的藝術史書，並且解說精采，例如在佩姬·古根漢美術館（Peggy Guggenheim Collection）前，他這樣說：「佩姬·古根漢是個瘋狂的女人，她的專長是跟年輕藝術家們睡覺，這些後來成名的藝術家當時沒錢給她，只好給自己的藝術作品，這些便成了美術館的主要蒐藏。」「對了，她還有很多很醜的狗，這些狗

註一|
威尼斯巷內的美味餐廳RISTORANTE SAN TROVASO網站：
www.tavernasantrovaso.it/

在威尼斯的時候忽然接到母親打電話來提醒：「農曆七月到了，要小心！」我於是找個教堂祈求西方媽祖保佑平安。

死後埋葬在這裡，我們可以看到狗的墓園。」

而我們就在這個極具知性的參訪之後，結束了這趟有山又有水的旅行。

回程中，我開始想念故鄉的山，我曾經步行走完的北橫與中橫，我跟父母一起走過的南橫，溪頭的山嵐晨霧，大學體育課走過的諸多陽明山徑⋯⋯當我在台灣的朋友們看了我跟他們分享的阿爾卑斯山健行照片紛紛表示羨慕的時候，我告訴他們：我其實羨慕住在台灣的你們，因為那裡的山，近在咫尺！

亞拉崗的峽谷區山雄水碧，有鷹盤旋，遠觀覺其氣勢磅礴，近走更可感其崢嶸勁拔。

西班牙峽谷運動 Aragon

藉由運動主題之旅，可以滿足冒險精神、發現潛能，並增加自信。

峽谷運動（Canyoning）是我在二〇〇八年夏天去西班牙境內的庇里牛斯山健行時，首次嘗試之後就深深愛上的一種運動。

說得確切一點，峽谷運動應該稱作下峽谷運動：一種在被水沖刷而成的峽谷中，從水源高處順水流動的方向涉水下行的運動。

當我向妹妹提議一起去度過一個峽谷運動假期時，她反問我為什麼要去找折磨呢？我聽了覺得很悲哀，竟然連我自己的妹妹都忘了我可是巴黎第三大學體育系的學生呢！

此趟旅程下榻的山城阿爾蓋扎（Alquézar）。

我在潘普洛納（Pamplona）跟一起參加奔牛節的沙發客告別之後，驅車南下往亞拉岡省（Aragon）的峽谷前去，那些沙發客可是對我羨慕不已呢！還是沙發客比較有冒險犯難的精神！我跟他們約好了，明年要一起提早計畫去別的峽谷canyoning，根據我的研究，庇里牛斯山有很多適合從事這項活動的峽谷，我們明年要在這裡辦一個沙發客聚會，先去下峽谷再去跑給牛追。

我和馬來西亞的朋友易馬罕來到了從事峽谷運動的瓜拉山脈（Sierra de Quara），這裡正是峽谷運動的誕生地，在西班牙亞拉岡省北部，韋斯卡（Huesca）附近，最著名的峽谷有rio Mascun、rio Vero、le Balces, la Peonera、le Formiga等，除了下峽谷運動，這裡也是攀岩愛好者的天堂。

經過長久的水流沖刷，古老的庇里牛斯山峽谷有非常特別

里葛洛斯斷崖（Malos de Riglos）是攀岩者的天堂。

遠觀峽谷有一種壯闊的氣勢，接近它溯溪而下又是另一種感受。

的地形與景觀，在下峽谷的過程中，往往令人讚嘆大自然鬼斧神工雕鑿出美絕的傑作之偉大。峽谷中光是水的部分就包括淺灘、深溝、急流、水池、瀑布等；岩石的部分則更是千奇百怪、出人意外的豐富，除了奇石巨岩，還有因為地質的不同而形成的造形不一的自然雕塑、洞穴和石窟。在岩石之間順水而下，時而涉水而行、時而蛙泳、仰泳、跳水、漂浮、滑岩、攀岩，在洞穴裡匍匐前進、鑽動、穿梭，有時還得依賴繩索與吊帶的協助，幾乎任何跟水和岩石有關的運動和動作都得派上用場，這就是下峽谷運動吸引人的地方，我們躍躍欲試。

在一個露營區落腳後，我和易馬罕直奔遊客中心報名隔天的下峽谷活動。因為臨時報名，而且只有兩個人，在旅行社的經濟考量下，被安排去跟別的團體「湊團」，但是因為適合初學者的團沒有其他人報名而不能成團，他們必須先打電話去跟另一個確定出團的「進階團」帶團領隊和該團的負責人確定，是否能讓我們兩個初學者參加，講得好像這是一項對體能要求嚴格的活動，不是隨便什麼人都可以參加的；據說那個團的人幾乎都是有經驗的峽谷運動愛好者。我於是開始幻想置身於一堆強健的、身體呈倒三角形的壯丁之間，即使我的身體到時在峽谷裡不聽使喚，也有人可以扛我。結果，第二天早上集合時，才發現這樣的想像大錯特錯。

我的團友們大約十五人，年齡加起來大概有一千歲，原來

是退休的銀髮族沒事做一起來找刺激，說是「有經驗」，其實不過就是前一天去走過另外一條簡單的路線，第二天就可以走有更多跳水、攀岩的「進階路線」了。幸好我們的領隊看起來稱頭多了；領隊共有三個，其中兩個還是沙發客，他們的身材就比較像是峽谷運動的好手，我一心想要變成的體魄。

我的下峽谷同伴，跟我想像的可以把我舉起的壯丁相去甚遠。
Photo by Imran Hashim

整個下峽谷的過程非常刺激，岩石很硬、水很沁涼，幸好有防護頭盔，否則我不但會撞得滿頭包，還可能腦震盪，而且我還必須時常把手舉出水外以免凍傷；有時在岩石形成的小細縫中看似無法通過，但沒有其他的路可以走了，我只好建議比我胖的老人先過去，我才敢把自己往縫裡擠；在一個約三公尺高的瀑布上，領隊指著一個小區域要大家往下跳，「別跳歪了，因為旁邊就是岩石，跳到岩石上會斷腿！」這我不但有經驗，而且還餘悸猶存，想著想著曾經在希臘跳岩摔裂的腳跟骨忽然有著觸電一樣的感受；而且我還喝了不少水，雖然說這急流的溪水喝起來還頗甜美，可是在有溺斃危險的狀況下，我可沒心情品嚐那自然之水天上來的滋味。

除了驚險刺激的下峽谷過程引人入勝之外，偶爾我也能在水流較緩和的時候欣賞峽谷的風景，奇岩怪石不用說，懸崖峭壁也很壯觀，偶爾還有一線天奇景，山上還可以看到有鷹盤旋，牠們該不會是正在等待我的禿鷹吧？

就這樣我經由蛙泳、仰泳、狗爬式、推別人、讓別人扶、

下峽谷不但要涉水、游泳、攀爬、蹲竄、還要高空跳水！
Photo by Imran Hashim

踩到領隊的頭、因害怕而狠狠抱住領隊脖子差點把他勒死、跳水、花式跳水、像芭蕾舞般跳水、適時抱住樹枝而免於被水沖走、禮讓老人先跳、假裝摔跤跌倒在領隊身上等等，跟水有關的驚險刺激過程將近六小時之後（我差點忘了我們其實還在一塊大岩石上午餐，我只吃了一顆蛋！），抵達了我以為的終點，卻萬萬沒想到那其實是最具挑戰性、最最恐怖的最後一關。

我以為整個行程已經結束了，因為我們已經走到了峽谷盡頭，水流已不再湍急，以一種極為平緩（跟峽谷裡的比起來）的方式流動，即使躺在上面睡著都不會被淹死（只可能會著涼）；我非常放鬆地游起泳來，我的老人隊友們看到入迷，直說我像一條魚；就在這個時候，我忽然聽到嘩嘩的水聲，原來是稍遠處的一個巨大瀑布，寬約一百公尺，至少十公尺高，而從高處跳下去是我們這一天的結業式！

在大瀑布上游，領隊告訴老人們不想跳的可以不跳，但是跳了絕對不會有危險，正在我猶豫要不要往下跳的時候，從我後面來的那團十歲以下的小朋友們個個躍躍欲試，我一邊慶幸自己沒被要求跟他們「湊團」，一邊看著他們在嚮導的鼓勵下義無反顧地逐一往下跳！接著，我的兩三個老人隊友也跳下去了，我的領隊一直對著我喊：「跳！跳！」是在報復我故意撲倒在他身上嗎？

我閉上眼，雙腿抖了好久，內心開始唱起「媽媽請你也保重」，然後深吸一口氣，大叫一聲「媽！」跳下去，幾秒鐘後竟然發現自己還活著（隔天大腿瘀青一片！）。

我在經過了一整天精采刺激的下峽谷運動之後，有種冒險
犯難、死裡逃生的感受，然而內心卻是滿足的。我很快就
領悟到峽谷運動真正吸引人的原因，它除了是一種運動，
在整個過程中不只需要力氣，還需要勇氣與沉靜思考以及
時而緩和情緒衝動的EQ，你必須跟水、岩石和整個峽谷
配合，才能在安全的情況下享受下峽谷的樂趣，這樣既動
腦又動身的活動能讓身心同時獲得滿足，它在興起後，短
時間內已經深深受到樂山人士的歡迎，在歐洲漸漸流行了
起來。

整個下峽谷運動中，我尤其喜歡的部分就在於與大自然的
接近與結合，整個近乎征服自然的過程之後，讓人心中不
禁泛起成就感，相信我從此對我的人生也會更有自信——
別看我弱不禁風，我曾經從超過十公尺的瀑布跳下去呢！

儘管我妹很驚訝於我不但安全回到家，並且還愛上運動量
大的峽谷運動，在她更難以置信的情況下，我很認真地考
慮跟西班牙的沙發客們的約定，已經開始計畫明年要參加
「更進階」的峽谷運動，並且還想在峽谷區待上至少一個
星期，順便進行攀岩運動；而這一切都只因為峽谷的自然
景色實在太美了，而且我衷心盼望有那麼一天，自己也能
因從事峽谷運動和攀岩而有倒三角形的身軀，在我成為銀
髮族之前！

附註1
對歐洲的峽谷運動有興趣的人可以
參考以下網站：
www.descente-canyon.com/
www.p-guara.com
www.avalancha.org
www.aetda.com
www.barbastro.org

1

1｜這一小段是我最喜歡的，只要放鬆躺著，就可以隨波逐流，可惜為時不長。

Photo by Imran Hashim

2｜你能想像我從這麼高的地方跳下去嗎？我跳水後大腿瘀青五天！

2

忽然看到鄰居開窗對談的畫面，克拉考夫頓時給人淳樸小村莊的感覺，真是可愛。

旅行時參觀文化遺產，
以歷史為鑑，期待明天會更好。

波蘭水電工

對波蘭的印象其實是由一些完全不搭軋的東西拼湊出來的，除了電影〈辛德勒的名單〉裡所揭露的納粹暴行和令人毛骨悚然的奧修維茲集中營（Auschwitz）之外，讓我印象最深刻的畫面是一張波蘭旅遊局發行的宣傳海報，海報上一個英俊、金髮碧眼、肌肉強健的波蘭水電工用他迷人的眼神和微笑對所有人放電，宣傳語則是：「我留在波蘭，大夥兒結伴來吧！」（Je reste en Pologne, venez nombreux!）這讓我不禁懷疑波蘭這個讓人以為剛從共產主義解放、仍然保守的國家，除了出口大量水電工之外（巴黎的水電工幾乎都是波蘭人的天下），現在還以性產業來吸引觀光客！前教宗若望保祿二世如果地下有知，可能會跳起來把那張海報撕毀。不過根據我後來讀到的數據顯示，自從那張海報印行後，波蘭的觀光人次多了百分之十四！

而我之所以會選擇克拉考夫（Krakow，法文作Cracovie）為波蘭觀光的目的地，是因為一個朋友跟我提起過這個城市，說它是波蘭的古都，有很多歷史性建築，比現在的首都華沙給人的工業城感覺好多了，而且它是最初列名於UNESCO世界文化遺產的少數城市之一。我於是在二〇〇八年波蘭加入申根公約、我不再需要另外申請簽證之後，訂了一張廉價機票去那裡。然後才開始做我的旅遊功課。

克拉考夫的舊城區是最早被UNES-CO列入世界文化遺產的古蹟。

主廣場上的聖瑪莉教堂建於十四世紀，每個整點可以看到紅磚塔樓上有人吹號角報時。

克拉考夫曾經是波蘭首都達五世紀之久，擁有四分之一的波蘭與博物館相關的文化資產。當聯合國於一九七八年創設世界文化遺產保護制度時，克拉考夫的舊城區、城堡區已經與埃及金字塔和中國的長城等，並列為當時的十二個世界文化遺產（至今有超過七百個），這是令克拉考夫居民至今仍引以為傲的事實；值得參觀的還有鄰近的奧修維茲集中營、令人嘆為觀止的維列茲卡地底鹽礦城（Wieliczka Kopalnia Soli）；加上波蘭因為比較晚脫離共產制度，至今仍保有與其他歐洲國家不同的氣氛，我的克拉考夫之旅總算有了邂逅水電工以外的期待。

在火車站等待來接我的沙發客列契克的時候，我從車站來往人潮所穿的衣服和神情，可以深深感覺到果然已經來到了東歐；還被一對老夫老妻互相攙扶著慢慢走去搭車的畫面感動，差點走入永恆的情境。直到列契克來把我喚醒為止。他長得比水電工宣傳海報上的男子還有魅力。因為喜歡旅行而身兼三份工作賺錢的他，沒有多少時間陪我玩，把自己的大房間讓給我睡，他則睡小書房的沙發床，這樣的安排之後，他帶我搭公車到市區，大概幫我介紹了城市的概況，很盡責地完成了沙發主人的任務，接下來幾天他必須早出晚歸工作，我可能再也見不到他，即便同住一個屋簷下。

列契克陪我越過威斯塔河（Wista），到辛德勒的工廠去憑弔一番之後離開，我便開始了我的克拉考夫發現記。

最先發現的是宗教的氣氛。前教宗若望保祿二世曾經在克拉考夫當過主教，這個四百年來第一個非義大利裔教宗，在此地至今仍被視為偶像，他的肖像和以他為主題的展覽海報到處可見，甚至還有一家專門賣跟他有關的紀念品的商店，人人都可以把印有他的肖像的杯子、盤子、海報、徽章等各種產品買回家，如果你要的話，隨時可以看到他在對你微笑。不過我可不想收到任何印有教宗肖像的禮物，除了鈔票之外！

聖亞達伯教堂是波蘭古老的石造教堂，已有將近一千年歷史。

舊城區

因為知道克拉考夫其實不大，而且我停留的時間不少，我決定慢慢逛，第一天只安排逛舊城區。

克拉考夫的舊城區被一座環狀的公園綠地圍繞著，以主廣場Rynek為中心，是歐洲最大的中古世紀廣場，建於一二五七年，主廣場四周的建築都有五六百年歷史，卻都保存完好，如今是商店、餐廳以及美術館和藝廊。其中的兩座教堂聖瑪莉（Saint Mary）和聖亞達柏（Saint Adalbert）更是建於主廣場形成之前，是克拉考夫的歷史瑰寶。我從旅遊書上讀到聖瑪莉大教堂的藍色天花板和內部歐洲最大的精美木雕神龕是不容錯過的景點。我走到教堂門口卻因售票亭而卻步，沒想到參觀教堂竟然得付錢！不知道是哪個朋友說的：「教堂是歡迎所有人的地方，不應該向信徒強迫收費！」這話一直被我奉為準則，並讓我想到這裡應該有個供當地信徒祈禱出入的門，果然這時候有

由修士經營的百年餐廳，在這裡可以吃到傳統波蘭菜。

亞蓋沃大學美術館的庭院充滿了寧靜的氛圍和優雅的氣質。

個老太婆從一個小門走出來，我於是從那裡走了進去，背著相機一副觀光客模樣的我，一進門就成了眾所矚目的焦點，連查票員都準備向我走來了，我馬上在額前和胸前畫十字，然後雙手交握在下顎作祈禱狀，直到沒有人看我為止，然後開始了我免費的教堂參觀；這一招在城堡區的大教堂裡又用了一次，當查票員向我走來的時候，我馬上跪下祈禱：「神啊，原諒我沒有買票！」

他們的神果然決定懲罰我逃票的罪，我在午餐時刻竟然餓昏了頭似的走進了我一直視為罪惡的「麥當勞」！我一看到那道金黃色的雙拱門標誌，就像被催眠般地走了進去，點完餐之後，赫然發現自己置身在上百個胖小孩中間，倉皇得不知所措，這不是噩夢、也不是恐怖片場景，而是活生生的事實，我的現世報！

我很快地吞完麥當勞的食物，在胖小孩們的吵鬧聲中奪門而出，在精神崩潰之前躲入了亞蓋沃（Jagiellonian）大學美術館的庭院，這時候那裡靜謐的氛圍和優雅的氣質，讓我覺得真是克拉考夫最具惑人魅力的景點。我在那裡待了很久才離開。

最後一站是薩托列斯基（Czartoryski）美術館，那裡有一幅目前留存數量極少的達文西油畫，〈抱銀鼠的仕女〉，她的特色是手指很長。雖然美術館裡面很幽暗，觀看困難，不過這裡館藏的重要性可是波蘭之最呢！

1

2

3

4

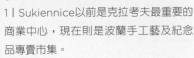

5

6

1｜Sukiennice以前是克拉考夫最重要的商業中心，現在則是波蘭手工藝及紀念品專賣市集。

2｜「 BAR MLECZNY 」就是所謂的「牛奶酒吧」，共產主義時代留下來的食堂，可以吃到便宜的波蘭傳統菜。

3｜猶太人受難紀念碑，位於辛德勒工廠附近的舊猶太區。

4｜敏感的人不難由到處可見的天主教相關物件，察覺波蘭人對宗教的重視。

5｜Czartoryski美術館附近的舊城牆旁聚集著賣複製畫的攤販，為城市帶來藝術氣息。

6｜聖瑪莉大教堂的藍色天花板。

7｜瓦維爾山丘上，是波蘭舊皇家城堡的所在地。

7

回家前，我去了舊城北邊緊鄰著環城公園的菜市場Stary Kleparz，這裡堪稱是我的最愛，可以買到農夫鮮摘的蔬果和手工自製的傳統熟食、甜點，路邊還有波蘭婦女在販賣自己鉤織縫製的羊毛織物和你可能意想不到的手工作品，而且價格便宜得驚人。我跟一個老太婆買了她所有親手鉤織的防寒毛線襪，依我對她的肢體動作的理解，她應該是今晚回家會不眠不休地繼續織，好讓我明天來的時候可以再跟她買兩雙！

舊城北邊緊鄰著環城公園的菜市場 Stary Kleparz是我的最愛。

回到家，列契克正準備上床睡覺，我告訴他很驚訝地在街上看到同性戀大遊行的宣傳海報，他說那其實是反對同性戀大遊行的海報，上面的波蘭文寫著的其實是：「野蠻人來了！」原來波蘭依舊是個保守的國家呀。

瓦維爾城堡和卡茲密耶區

位於舊城區南方的瓦維爾（Walwel）山丘上，是波蘭舊皇家城堡的所在地，對歷史建築有興趣的我，在這裡花上一整個上午而樂在其中。充滿哥德式、巴洛克式和文藝復興式建築，每一棟建築物都值得細細欣賞；大教堂裡則是歷任波蘭國王的葬身之處。

Alchemia酒吧外觀。

從城堡的南邊出口拾級而下可以通往威斯塔河沿岸的公園，長長的沿河道路上有不少當地人慢跑或散步，也是遊河船的停靠站，在船上餐廳一邊用餐一邊欣賞宜人的河畔風光是令人難忘的經驗。

卡茲密耶區是舊猶太人區，如今則是精品店和受年輕人歡迎的夜店聚集區。

註一｜
卡茲密耶值得推薦的咖啡廳／酒吧，有學生、劇場人、音樂人、知識分子聚集，氣氛詭譎迷人的Al-chemia：
地址：ul. Estery 5
網站：www.alchemia.com.pl
營業時間：上午十點至凌晨四點
以及宛如共產主義博物館，充滿列寧時代海報、徽章、雕像等，可以窺見社會主義者天堂的Propaganda：
地址：ul. Miodowa 20
營業時間：上午十點至凌晨三點，週末至凌晨五點

下午我不想孤獨，於是約了另外兩個沙發客出來喝咖啡。馬丁和馬雅這對戀人帶領我參觀他們所居住的卡茲密耶區（Kazimierz）。知道我因為不懂波蘭文而還沒吃飯（其實這只是藉口，因為無論如何我一定會吃，只是我故意要讓他們帶我吃當地的食物），他們先帶我去吃zapieka-nka（一種上面鋪有肉和菜的大麵包），有了足夠的熱量之後，才開始我的觀光行程。

建於十五世紀末的卡茲密耶區從前是猶太人聚集區，在二次大戰時幾乎淪為空城，如今已漸漸恢復舊日風華，並且成為克拉考夫最時髦的地區，年輕藝術家、風格獨具的咖啡廳和酒館、精品店的進駐（註一），加上殘酷歷史的痕跡（電影〈辛德勒的名單〉就是在這裡發生的），使得這一區具有新生命活力同時又有懷舊「呼愁」（土耳其語，意為一種集體的憂傷）的氣氛。馬丁和馬雅離開後，我留在這裡消磨了不少時光，偶遇了幾個很有意思的波蘭人，跟他們交談之後，我更了解波蘭文化和當代波蘭人的想法。

維列茲卡鹽礦城

根據我在飛機上所做的研究，不少人到克拉考夫的主要目的，其實是為了要參觀獨一無二、距市中心約十公里的維列茲卡鹽礦城。這個深入地下可達一百三十五公尺的巨大岩鹽城，如今已經停止開採，卻可以經由導覽參觀而窺知昔日波蘭產岩鹽的盛況。

在克拉考夫附近的岩鹽區綿延數百公里，這個數據聽起來頗嚇人。在鹽還沒有像現在一樣普遍、便宜的時代，這裡可是波蘭的寶庫，是主要收入來源。目前開放給觀光客參觀的地底鹽城只有一小部分，但是極目所見全是鹽的景象已經令人嘆為觀止：地上的鹽磚、天花板的鹽晶吊燈、詮釋採鹽歷史的鹽鑿雕像……最令人屏息的是位於地下一百公尺、全部由岩鹽雕鑿而成的教堂，整個教堂根本是一座巨大的鹽雕藝術，這個當年讓採鹽礦工做禮拜的教堂如今仍提供服務，幸運的話還可以在此遇到波蘭婚禮，偶爾也有古典音樂會。據我讀到的前人經驗，這裡的音場效果特好，歌聲可以遠傳而且分外優美嘹亮，甚至能給人餘音繞梁三日的感受，那篇文章的作者還建議讀者準備一首歌去唱，我差點想唱個崑曲的段子，但是又怕把整個地底鹽城給震垮了，所以一直忍著這個衝動，倒是覺得一個用我聽不懂的語言做導覽的解說員說話的聲音像唱歌，既輕柔又洪亮的聲音在教堂裡迴盪著，真是好聽。

鹽城裡還有地底餐廳、大會議廳、岩鹽博物館，以及一個健康醫療中心和spa。這個地底spa據說有非常神奇的療效，因為根據波蘭的醫療研究，地底鹽城的微妙氣候可以治療氣喘，不少人拿著醫生處方來此治癒呼吸系統的疾病；沒病的人到地底一百三十五公尺的spa區度過一夜，也可以達到舒壓的效果，我就在三個小時的參觀後，當晚睡得特別深沉香甜。

維列茲卡鹽礦城可在克拉考夫市中心的旅遊中心或各大飯

維列茲卡鹽礦城裡的地底教堂，極目所見都是岩鹽雕鑿出來的。

被送進奧修維茲集中營這個大門之後，就是死路一條。

店報名跟團參觀，也可以自行搭小巴士前往，每日都有數次英文導覽，參觀時間約三小時（註二）。

奧修維茲集中營

旅行可以從歷史遺跡中學習借鏡，讓歷史悲劇不再發生。

列契克知道我隔天要去參觀奧修維茲集中營，特地警告我要有心理準備，即使很多年過去了，我們還是會因為曾經在那裡發生過的歷史悲劇感到震撼，他有一個當導遊的朋友，儘管已經去過很多次了，每次去那裡都還是會覺得不舒服。

我堅持一定要去參觀離克拉考夫市區不算遠的奧修維茲集中營，因為歷史的傷痛要去正視它，我覺得如果每個人都去看過那個地方，應該都不會希望類似的悲劇再度發生，世界和平會是所有人的終極想望。

原本總是吵鬧不已的青少年和說話很大聲的美國觀光客到了這裡，都不由自主地安靜了下來；所有陳列展出的物件已經看不到其沾染的血腥，整個集中營整理得還頗乾淨，但是只要想到曾經有上百萬人在這裡受虐而死，肯定讓人起雞皮疙瘩。槍刑室、絞刑室、瓦斯毒氣室、毒液注射室、火刑室，在今天看起來都只是冰冷的房間，但是只要加以想像，我都要覺得似乎聽到了五十多年來繚繞在空氣中散不去的哀號。

註二 |
維列茲卡鹽礦城網站：
www.kopalnia.pl

一塊告示牌標明：「試圖逃跑而被槍殺的人在此陳列！」
我根本不敢去看殘忍的行刑紀錄照片，但是看到千萬張被
處死的人的黑白大頭照貼滿的牆面，其中有數不清的兒
童，我不禁潸然淚下。這裡曾經有超過二十三萬兩千名
猶太和吉普賽兒童被處死，其中包括安妮‧法蘭克（An-
neliese Marie Frank），大部分是一抵達就被送到毒氣
室，因為他們沒有太大的利用價值；男人在被處死前必須
從事勞力，女人的頭髮則以一公斤五十先令的價錢賣給德
國的布料工廠，將近一千九百五十公斤的頭髮曾經被織成
地毯，家裡放那地毯的人不知如何安眠？
我們雖然已經看不到堆積如山的屍體，但是可以看到那些
受難者帶來的旅行皮箱、兒童的衣物、玩具娃娃、各式童
鞋、男鞋、女鞋、髮梳、鞋刷、刮鬍刷、牙刷等等，這些
日常用品的主人當時或許以為只是被帶出去旅行幾天，總
有一天能回家與家人相聚，沒想到天人永隔，他們和家人
分別被凌虐致死。

我並沒有勇氣參觀完整個集中營，一整天沒吃的我回家後
也沒有食慾。
當有人再問起我最討厭的事情，我一定會更肯定地回答：
戰爭。

1

2

3

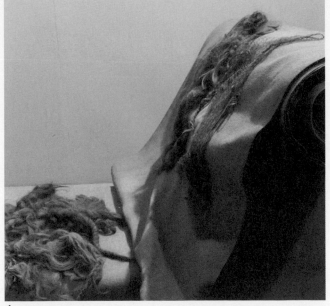

4

1｜從堆積如山的鞋刷可以窺知曾經有多少人死在這裡。

2｜被送入集中營的人被迫睡在這樣狹窄的三層臥鋪上，每個臥鋪都睡上不只一個人。

3｜防止脫逃的層層電網上也曾經死過無數追求自由的人。

4｜從女人頭上剃下來的頭髮，被送到德國去製成地毯！

我跟兩個不同的法國社團在這個農莊裡度過兩個週末，雖然過程有點瘋狂奇異，卻因此更認識法國這個國家。

行，在小島的斷崖跳岩而摔裂了腳跟骨。

醫生說我必須在一個月內試著不要踩到腳跟骨，必要行走的時候得撐枴杖，我於是決定一個月不出門，在家裡只能爬行移動，靠著朋友輪流來幫我煮飯活下去；在這樣的情況下，想也知道不可能出去玩了，我於是寫電郵去給主辦單位，問他們可不可以退款，他們回信說太晚了，但建議我還是去參加，反正在鄉下休息更好，而且他們可以派人來「背」我下樓並全程當我的轎夫，我只需要負責在花園裡的陽光下休息和張開口讓他們餵食我。如果我能在受傷後從希臘回到巴黎，當然可以跟他們一起共度鄉下的週末。我被他們的熱心感動了，而且當時我自從腳受傷以來，已經在家悶了兩個星期，真的很想出去透透氣，所以決定接受他們的建議。

星期六早上，壯漢黑吉斯來接我，把我背上身後溫柔地對我說：「別擔心，修女們在等著我們，大家會好好照顧你的！」

我聽了都快哭了。不是因為太感動，而是因為——「修女」！這是哪門子的聯誼啊，我可不可以不要去！

我想著這可能是個宗教聯誼活動，好心腸的修女和熱心的信徒聚在一起分享主的愛，一起讚頌上帝的恩典，並且會不斷地告訴我「信耶穌，得永生！」

我的心都碎了。

但是反悔已經太晚，除非我在壯漢黑吉斯背上假裝昏倒，讓他直接把我背到急診處去（但是自從去過急診處，等了

一輩子還沒看到醫生的噩夢之後，我知道除非不得已，我不會再到那個沒有人性的煉獄，所以終於還是決定讓強壯的黑吉斯把我背到鄉下去）。

一路上風和日麗，從火車窗望出去景色優美，秋意正濃，樹葉已經開始改變顏色，黃的紅的綠的褐的，把大地點綴成一幅美麗的法國印象派畫作。同行的社團團員以年輕人居多，幸好我對他們而言是娃娃臉，不透露真實年齡的話，他們應該不會忽然跑來問我：「叔叔，您來幹嘛？」而且他們看起來很正常，甚至有點過動，應該是夜夜笙歌、索求無度的年輕小夥子，怎麼看也不像是宗教狂熱分子！

轉乘公車之後，我們來到了位於Bonneuil這個小村莊的gite。在法國，gite通常指的是由農場改建的民宿，法國人度假的習慣常常是租一個gite的房間度個週末或者更長的時間，享受跟大自然接近的鄉間生活。這個我們即將度過一個週末的地方，有游泳池、桑拿室、大花園、芭蕉樹、很大的廚房、聯誼廳……最特別的是它是專門用來租給社團的（法國有超過一百萬個社團，二○○九年九月，一個月內就有將近六萬個新社團申請成立），有點半自助的方式，社團成員必須幫忙準備餐點以及離開前幫忙把地方恢復原狀，有點像是在朋友家裡；當社團成員不多的時候，可能會同時有其他的社團來住，也會開放給一般散客，來的通常是熟客，主人不但好客還很會帶動氣氛。我

Bonneuil這個gite由農莊改建，有壁爐、游泳池、桑拿室、大臥房，適合社團來辦團康活動。

前來迎接我的修女著實把我嚇了一跳，還不禁噗嗤笑出來！

歐洲人喜歡曬太陽，他們覺得我們的「一白遮三醜」想法太荒謬。

可以想像這個週末一定有很多活動會在這裡進行，心裡充滿了期待。

可是，我很怕看到修女！

「歡迎，我的小東西！小可憐！小英俊！滋，滋，滋，滋！」我被熱情跑出來迎接的民宿主人親了四下。

「歡迎，歡迎，我的心、我的小俊俏！滋，滋，滋，滋！」另一個身材像航空母艦的民宿員工出來了我又被親了四下。

接著華麗出場迎接的就是黑吉斯所說的修女，我看到一群嘰嘰喳喳甚至在看到我的枴杖之後尖叫不已的濃妝壯漢，我必須強忍著才不至於狂笑出來，一直被他們「滋，滋，滋，滋」親到頭都快暈了，還被鬍碴扎到！

他們哪是修女呀！

原來這是一個扮裝修女的組織，七個「修女」（les sœurs），一個「修女娘」（la mère），其中只有一個是女的（她是報錯活動了嗎？還是被朋友陷害？），他們也是本週末這個民宿的客人。

而我將跟這些「修女」和二十六個可愛的男生共度一個週末。我當下知道，我即將不得安寧！

跟所有的人親完臉頰後，幾個男生迫不及待地就地換上泳褲，跳到游泳池裡玩耍。

陽光很美好，我也開始一邊烤身體、一邊讀奧修（Osho）寫的《瑜伽》。

然後「修女」也跳下水了，不久，有人大喊：「天啊！我看到修女娘的屁股！」原來「她」在水裡索性把泳褲脫了，全裸上陣，只留下臉上的濃妝一直露出水面！

被這麼一喊，男孩們也開始在游泳池裡打打鬧鬧，玩起互相扯掉泳褲的遊戲，這樣的活動對於一個瘸腿的人而言，顯然太過激烈了，所以我當然只有在旁邊看的份。

午餐在花園裡吃很多肉（每個人分配到兩大塊汁液流淌的肉排，我默默地靜靜地偷吃了五塊），好像我們還在青春期，需要很多蛋白質似的。

然後是我提出建議、並且大受歡迎的按摩大會。第一個被我的魔掌催眠而對我的雙手讚不絕口的小可愛，以他欲仙欲死的神情跟所有人宣傳我的手藝之後，整個下午我大概摸了最多人，還讓一個修女幫我按摩（以全套的修女裝扮上陣）。

接著是黃昏的扮裝秀，修女們帶來大量行頭，沒有對我們進行洗腦，卻開始對所有人的外型進行改造，幾乎每個人都被裝扮一番後大家一一走秀。被弄成性感小野貓的社團經理還拿著我的枴杖走了一輪，我都快笑昏了。

晚餐吃魚，又是蛋白質。

然後是通宵達旦的舞會，我不敢在一堆過動狂舞的年輕人中間爬來爬去，只好去另一個廳參加影集欣賞的靜態活動，我們捨棄西班牙導演阿莫多瓦（Pedro Almodovar）的代表作〈修女夜難熬〉（Dark Habits）而看很好笑的〈真理之心〉」（le cœur a ses raisons）（註二）。

天氣好的時候法國人喜歡在戶外野餐，我們的午餐於是在陽光下享用。

法國人的餐點通常有三道：前菜、主菜、甜點。這位修女等不及她的甜點，切起自己的心型大項鍊來抗議，也未免太愛演了！

註二｜出自哲人帕斯卡（Blaise Pascal）所說的：「Le coeur a ses raisons que la raison ignore.」中文直譯是：我們的心裡總有一些理由所不知道的理由。

晚餐前喝開胃酒（apéro）是法國人的習慣，因為天氣好，我們的apéro是在戶外泳池畔進行的。

男主人正對著電視錄影機嚴肅地發表他父親死後他對於死亡的看法，電話鈴聲忽然響了，一會兒之後女僕拿電話入鏡。

「先生，是您的哥哥。」女僕對男主人說。

男主人聽了之後非常生氣地斥責女僕：「別呼攏我，那不是我哥哥，是電話機！」

我看了類似這樣的三套搞笑節目後，已經笑到累了，而且跟搞笑修女們相處，不被電視影集笑累，也被「她們」的故作小丑弄累了，於是精挑細選了一個壯漢把我背上床就寢。壯漢把我丟上床，急忙說聲晚安就走了，連滋滋滋的禮貌性吻別都沒有，這真是叫人情何以堪啊？原來他是急著要去加入瘸腿的我無法參與、私下祕密進行的消耗蛋白質活動，在農場的地窖裡……

半夜，我因為夢到耶穌而被嚇醒一次。並且恍惚間彷彿聽到地底下有很多人發出進入忘形神迷狂喜般的呻吟，有如從地獄傳來的撒旦的誘惑。我強迫自己再度睡去。

隔天早上被陽光和鳥叫雞叫喚醒，我吃了早餐後決定游泳，一下水就停不下來，已經兩個星期沒運動的我（在吃了大量的肉之後），像被水神附身一樣，不停地游了至少三十分鐘，醫生囑咐我一個月內最好不要踩到裂掉的腳跟，以促進裂骨的癒合，我在水裡忽然領悟到游泳真是好，讓我可以運動又不會踩到腳跟骨。到後來泳池裡只剩我一個人，所有人看我久游不停都訝異了，還有人大喊：

「要不要把枴杖丟給你，可以游更快？」他們其實不知道我的苦衷：我不敢停下來，是因為不想踩到腳跟啦！

鄉下的星期日早上因為有了搞笑修女和好動青年而不寧靜，但還是悠閒，有人打桌球、有人游泳、有人在草地上玩牌、一個修女在織毛線、有人讀書、有人昏睡，大部分的人都懶懶地攤在太陽下要把身體烤成古銅色，偶爾還有搞笑修女莫名其妙地在二樓走廊上演出姊妹失和、拿掃把追打、互扯修女帽的肥皂劇，讓（被兩個壯漢從水裡撈起來後）在花園裡看書的我不得安寧、笑到胃痛。

午餐的餵食時間到了，我們又吃了很多肉、乳酪……扮裝修女們也繼續不停地搞笑，演出扯假髮搶肉的劇碼。

除了天體主義者之外，法國人對在公共場合裸體這件事其實很保守，在公共游泳池沖澡還規定必須穿泳褲，不過連臉上的修女妝都跟著下水也未免太誇張了！

就這樣，我在鄉下的農莊度過了一個愉快的週末，即使是撐著枴杖，只能靠著壯漢們的協助移動，我也玩得很盡興；說真的，我還真不想回到巴黎的頂樓公寓裡繼續我的宅男生活呢，在鄉下有人陪伴的農莊裡真好！尤其要感謝那群修女為我帶來的歡笑。

當我終於必須跟所有人吻別的時候（你可以想像三十幾個人每個人都要滋滋滋滋親四下有多辛苦嗎？），冷不防地發現身邊忽然多了幾個不認識的人。

「修女？」我驚訝地問。

「不，我是修女娘，我的孩子！」被我抓著問的鬍鬚熊拉高嗓門回答我。

原來扮裝修女卸妝後是長這樣，真是我的天啊！

早上起來在樹林裡散步，呼吸新鮮空氣，做瑜伽，農莊的生活真是健康。

在夕陽西下前，我們在晚霞中回巴黎。

然後我又開始了我的頂樓獨居生活，沒有壯漢的背負而自己爬來爬去。

這時候，即使我並沒有加入沙發客網站上「假修女」的族群，卻覺得這趟短短的、什麼事都沒做，卻有很多新鮮空氣和友情以及假修女為伴的鄉下週末之旅真是美麗。

兩年之後，我再次到這個農莊度週末，這次是受到另一個社團的邀請，以瑜伽老師的身分來的，這個社團要在新鮮的鄉下空氣中來點健康的活動，我們談好了一切條件，我其實只要求他們幫我付三天兩夜的農莊食宿費用。

「『Neonu』是什麼意思啊？」我結束對話前這樣問社團負責人，這是社團的名字。

「就是新裸體主義啊！」艾曼紐這樣告訴我，我的媽呀！是不是名字叫做艾曼紐的人都喜歡脫光光見人呢？

去教課的前一個晚上，我做了個噩夢，夢裡我的瑜伽學生不是胸前就是胯下垂著龐然大物，在做Ashtanga瑜伽的時候，那些龐然大物在我面前甩來甩去，而我則是在做示範動作的時候不斷「自夾」而慘痛哀叫不已……

事實如何呢？那又是另外一個故事了。

這是Silcusin全村居民加上附近村莊來訪客人的團體照。我第一次這麼「深入」到法國鄉下去。
一個下午就認識了全村的人。

旅行的樂趣不只在於看到新事物，能親身去體會生活，才是更大的享樂。

法國中部的奧弗涅（Auvergne）省向來以好山好水好食物聞名，這裡從前是火山活動地區，特殊的水土孕育了不少特別的物產，特別的景觀更是深受嚮往大自然的人喜愛，交通雖然沒有其他觀光勝地方便，卻更適合喜歡慢活的人來細細享受。

從沙發客網站跟我聯絡而變成我的好友的蘇菲和Silcusin最老的人瑞Simone。

蘇菲是我在沙發客網站上認識的好朋友，她看了我的網頁，覺得我是個很有意思的人而主動跟我聯絡，我們即刻成為好友，一起逛美術館練瑜伽喝咖啡什麼的，永遠有我們同時感興趣的事可以做。她剛認識我時就承諾有一天要帶我參觀她的老家，一個地圖上找不到的小村莊Silcusin。半年後，我們終於利用她父親去度假的二○○九年夏天去那裡住遊了一個星期。對於習慣繁華城市生活的我而言，這個只有十五戶人家的小村莊不但沒有讓我感到無聊，反因大自然有太多的東西可以學習，而使我覺得生活充實豐富。最讓我受到啓發的是，我發現有越來越多的年輕人開始當起農夫來了，他們受夠了城市的壓力，跑到鄉下來過著淳樸、簡單卻更快樂的生活。

從蘇菲她舅公家的穀倉望出去，整個Silcusin的風景如畫一般迷人。

Silcusin是個位於海平面約一千公尺的山上小村落，最近的「大城」Langeac也只有約四千居民，我的法國朋友都沒聽過這個地方。原本我以為鄉下住的通常只有老人和小孩，卻在認識茉莉和席立這對從城市搬來鄉下定居的夫婦之後，對此改觀。之前都是體育老師的茉莉和席立因為覺得城市生活太繁忙、空氣污染嚴重、小孩生長空間不夠，

奧弗涅省以好山好水聞名，我們所熟知的Vichy、Volvic等礦泉水就是來自這裡。

註一│

MOREL Julie et Cyril Parredon
地址：43300 SIAUGES SAINTE MARIE, FRANCE
電話：+33-04-71740696
網址：www.lafermedupain.fr
電郵：mphjc@free.fr

如果想去法國其他鄉下地方住農莊民宿，可以參考以下這個網站：
www.accueil-paysan.com

為了長期健康著想，決定放棄教職，到鄉下買個農場（註一）定居，因為這裡有一望無際的田野風光。

農場裡有個古老的烤麵包用傳統爐灶，茱莉和席立將之修復後，開始以製作有機麵包維生。這對頗有地球永續經營概念的夫婦以他們的有機麵包，慢慢地為原本即將因年輕人棄守而消失的鄉村小農莊帶來了新的生機。

茱莉和席立用慢工、完全遵從古法製造的有機麵包非常受歡迎，在每週一次的市集上總是不到兩小時就賣完了。他們堅持所有的原料都必須是有機的，而且來自他們認識的附近農莊，不但品質看得到，也因減少運輸而達到節能減碳的效果；更重要的是，它讓附近的農人們能繼續以傳統小量生產的農業方式生存；因為他們的關係，漸漸地有些在外地找不到工作的年輕人願意回到老家，接續祖先留下來的農業活動，並且在茱莉夫婦的鼓勵下合作，讓整個村莊慢慢地達到符合有機農村的標準。Silcusin這個小村莊於是可以這樣自給自足永續經營下去。

除了有機麵包生意，茱莉和席立還經營民宿，讓喜歡體驗農場生活的人能夠來享受鄉間的樂趣。我去學習如何製作麵包的這一天，剛好有一家人來投宿，他們即將在農場待上一星期；才剛剛來兩天的八歲小雨果已經學習到製作麵包的程序，有模有樣地當起了茱莉的助理，不但跟著揉麵團、製作自己的麵包，還充當我的導覽，帶領我參觀存放大麥、豢養羊群的倉庫和農舍。

1

3

4

2

5

6

7

1｜朱莉和席立家除了做麵包還經營民宿，他們有兩個女兒，這裡適合家庭來度假。

2｜在Silcusin，牛的數量比人多很多。

3．4｜正在烤有機麵包的席立。

5｜Silcusin最老的一代，曾祖父祖母級的四個老人。

6｜有陽光與稻草堆的農村生活，讓我在都市裡常常想念。

7｜Le Puy-en-Levey是Silcusin附近的大城，是聖賈克朝聖之路知名的起點之一。

8｜我到的地方屬於阿列河流域，沿著河有美麗的峽谷，不少人來這裡划獨木舟。我們還去參觀了附近的山城Chi-hac。整個阿列河谷有不少美麗的小鎮，各有迷人的風情。

8

有機麵包的製作過程是辛苦冗長的，不使用化學發粉，堅持自然發酵的麵麴就必須在二十五度的環境中，以每三天加量的方式製作超過十五天；慢速攪拌的揉麵團過程是為了確保麵粉中的養分不流失……麵包上的芝麻、葵花籽等雜糧都是附近小量生產的農夫辛苦栽種出來的；如此費心製作、從傳統爐灶裡烤出來的麵包讓人垂涎三尺，嚐過一口後，我忍不住買了兩公斤！

據說現在日本也有越來越多的年輕人開始務農，為的也是農夫的生活更接近大自然、更健康，也更快樂，而由於這些年輕人的加入，整個農業也因注入新血新觀念，有了新的前景。看到茱莉和席立家人的榜樣，我忽然也有想回老家種田的衝動，即使我是出了名的「種什麼都死」（萬年青和常春藤也不例外）！

在Silcusin的一個星期裡，我幸運地遇到村子五十年來第一次舉辦的節慶，慶祝村民合力組織的文化保護協會的誕生，雖然人口稀少，他們卻齊力組織了這個協會，要集合所有人的力量、在政府的協助下修復洗衣場、私塾、公共爐灶等祖先留下來的古蹟，並致力於村莊的美化，為達到成為「花之村」（註二）的目標而努力。

小村莊的節慶活動真是可愛極了，在與村民們同樂共舞之後，我很快就認識了全村的人（其實也不到三十個）；鄉下人的好客與熱情讓我覺得自己是他們的一分子，跟都市裡的冷漠人情真是有天壤之別，我住了三年多的巴黎公

Silcusin五十年來第一次舉辦節慶，大家吃吃喝喝還唱歌跳舞，好不快樂。

註二｜

法國自1959年起為鼓勵環境綠化，每年選拔綠化有成的村莊和城市，頒給「Ville fleurie」（花之城）「Village fleuri」（花之村）的牌子立在村口加以榮耀。

Silcusin附近比較大的Siaugues鎮上一家風格獨具的咖啡廳，店裡都是七〇年代的物件，老闆是蘇菲的青梅竹馬。

寓，還有超過一半以上我不認識的鄰居，有些甚至從沒照過面！

在Silcusin問路的時候，你得到的答案會是：蘇謝夫人家旁邊的路左轉，之後再在有大白狗的房子旁右轉，不要怕歐利（那隻狗），牠會叫但牠是溫馴的好狗。因為這裡的人彼此認識，就像我的老家一樣，買東西不是去什麼世界連鎖的家樂福，而是去雞屎仔或仙桃家買（真的有人叫這樣的名字），真是可愛極了。

有一天蘇菲的手因為馬踢斷了乳牛牧場電線圍欄而觸電灼傷。鄉下看病不容易，不是得到稍遠處的大城看普通科醫生，就是得派直升機送到更大的城市去，因為這樣的不便，他們自然發展出所謂的民俗療法。蘇菲的叔公給她一個電話號碼，她打電話去之後，一個從她母親那裡獲得超能力的小女孩把她的灼傷隔空治好了，隔天睡醒像什麼事也沒發生過，小女孩的母親以憑著照片治癒一個八百公里外三度灼傷的小男孩聞名，連原本放棄小男孩的醫生都覺得是奇蹟。鄉下就是有這樣的事會發生，就像我老家的什麼什麼「仙」之類的。這種既神奇又神祕的力量讓我為之深深著迷。

雖然說是小村莊，但是我們可以從事的活動卻很多，因為大自然有著無盡的寶藏，加上人類長久以來的文明，我們可是度過了極為豐富的一週。我們在附近的田野裡散步、參觀魅力十足的席亞克（Chihac）小山城、健行到山上

廢棄的城堡、看聖亞孔（Saint Arcons d'Allier）的老墓園和城堡改建的飯店、到峽谷旁的阿列（Allier）河裡游泳、看人泛舟、划獨木船、撿火山石用以去腳繭、去Durande山頂上看夕陽（還看到八隻野豬）、去每週一次的牛犢市場看販賣三週大的小牛過程、參觀了附近中古世紀山城、騎馬、玩擲球、練瑜伽；喝隔壁農場主人薇薇安送的新鮮牛奶、吃蘇菲她奶奶家菜園裡現摘的當季有機蔬果（青豆、南瓜、洋蔥、花椰菜、蕃茄、小黃瓜、節瓜、草莓、藍莓、梨……）、在後院裡的大樹下吃早餐、前院花園滿月下的烤肉燭光晚餐（還喝了兩瓶蘇菲的父親在地窖儲藏多年的名貴紅酒Châteaux Margaux以及當地特產的馬鞭草酒）；聽蘇菲講述她的家族歷史、觸摸她曾祖父親手製作的衣櫃等家具……第三天還有另外一個沙發客跟他妹妹來加入我們，到美麗的河畔野餐、日光浴、發呆。一週的時光很快就過去了，所有的一切皆是毫無壓力地進行，極度享樂。

Silcusin讓我暫時脫離文明充斥的繁忙城市生活、到鄉下接觸大自然和淳樸的人們，吃得好、睡得好，享受豐富的大自然的恩賜，真正去體驗農人與大自然和平相處的生活，我深深地愛上了這樣的度假方式，於是在離開前應允了村民們的要求——我很快會再回來。

1

1｜農婦莉莉安送我一桶現擠的鮮牛奶。Photo by Sophie Chausse
2｜Siaugues-St-Romain每週日上午九點到九點半的牛市，販賣三週大的牛，農夫們直到現在還是習慣以法郎計價，付錢時再換算成歐元。
3｜騎馬也是我們從事的一項活動，馬非常敏感，騎上之前要先花點時間跟牠們呢喃。
Photo by Sophie Chausse
4｜在蘇菲奶奶家的花園摘南瓜炒米粉，還有甜美的草莓。
Photo by Sophie Chausse
5｜樹下的早餐。
6｜下午我們會在樹下慵懶地睡個午覺。

2

3

5

4

6

我問我的沙發主人是不是有機的草莓就長這個顏色，他說：「別想太多了，它只是還沒成熟！」

去有機農場當義工就像在度假，是一種難得的樂活旅遊方式。

我不太熟識的艾曼紐問我，要不要跟他去勃艮地的鄉下朋友家度過一個自然主義的週末。我喜歡勃艮地紅酒，也喜歡法國鄉下的生活，根本沒多想什麼叫自然主義週末，一口氣就答應他了，三民主義我也要去，反正我熱愛大自然。當然因為有著台灣人應有的矜持，我還故作不好意思地問他：「可是我不認識你的朋友，就這樣帶我去，不會不妥嗎？」

「沒的事，他們跟你一樣是沙發客，歡迎陌生人去他們家住。」艾曼紐這麼說我就放心了。

我的沙發主人教我做開胃點心小泡芙（gougère），沒穿衣服在烤箱旁也不怕被燙到！

於是就在一個陰天的週末，我們上了往南的高速公路。去程的車上，艾曼紐說天氣不好，可能無法如願過「自然主義週末」了，我們得穿衣服，我才恍然大悟，原來法國人口中的naturiste等同於英文的nudist，指的是天體主義者，他們不只喜歡大自然，還迫不及待要脫光光與大自然結合！我於是在內心感謝天氣的幫助，我才不想在一個鄉下的房子裡脫光光度週末呢！

我們來到位於勃艮地鄉下Villebougis村的農莊，認識主人派屈克和艾力克之後，覺得他們真是現代樂活族的模範。

派屈克是餐飲業的採購經理，平時在巴黎和法國北部的里爾上班，只有週末才回鄉下的房子住，他說平時工作繁忙壓力大，鄉下的房子是他充電的地方，即使是出勞力整修房子、種花蒔草，都讓他覺得放鬆。

派屈克買下這個石造農莊之後，遵循「永續經營」的原則將它改建成現代住屋。

艾力克則是在附近小學任教的老師，一年多前受邀搬來派屈克的家裡住。平時整個莊園只住著艾力克一個人，我問他鄉下生活會不會無聊，「不會呀，我有驢子、貓，還有很多花草蔬菜和果樹要照顧，並且需要時間來設計教材、思考如何才能把最好的教給下一代。」真是淳樸又滿足的人呀！

派屈克二十年前買下老舊農莊，決定開始遵循「永續發展」的理念，將它改造成一個理想的住處。除了屋頂聘請專人整修之外，幾乎所有的工作都親手完成，偶爾也靠WWOOF的義工的幫忙。

「WWOOF？」（註一）

「那是全球性有機農場工作機會組織（World-Wide Opportunities on Organic Farms）的縮寫。只要是有機農場或附有有機花園的莊園都可以申請加入，然後就會有義工跟你聯絡來免費幫忙。」

原來這也是一種時下年輕人流行的旅遊方式。派屈克自己就曾經在澳洲利用這樣的方式，拜訪了三個深入澳洲內地的好地方。沙發客網站上也有一個WWOOF的族群，大家常常在那裡交換心得和意見，介紹某人曾經去過、不容錯過的農場。

WWOOF的會員通常分布在世界各地的鄉下，以有機農場居多。他們不付費，卻為義工提供食宿和各種跟有機農作有關的知識，讓義工們可以從工作中學習到有機農業的操作方式，這讓很多喜歡體驗鄉下生活的年輕人有個不用

付費就可以到鄉下度假的方式。我曾經在泰北的五星級度假中心看到提供給富人小孩體驗農村生活的種菜種稻課程，在那裡你必須花上大把銀子才能體驗當農夫的樂趣。派屈克的家裡雖然不是農場，他們卻有一個很大的有機花園，裡面種了櫻桃、蘋果、梨子等果樹，還有很多花草和蔬菜，後花園旁的一大塊空地是驢子馬丁的活動範圍和製作有機堆肥的地方，旁邊還有木柴堆是冬天用來在壁爐裡燃燒取暖用的。

派屈克在網站上有特別註明他們是天體主義者，不過如果義工要穿衣服工作他們也不反對，而且如果義工希望他們穿衣服，他們也會穿。

「那WWOOFer要不要穿衣服呢？」我忽然想到我的主人是「自然主義者」！

「他們可以自己決定，但是天氣涼的時候，我們會建議穿衣服。而且如果義工覺得不舒服，我們也不會脫光光在他們面前跑來跑去。」真是貼心的主人。這時候派屈克告訴我，他們常常接待「自然主義」的沙發客，這個族群還真有不少會員呢！

除了有機花園的照料，派屈克他們還需要房舍建設上的協助。他們家正在進行中的工程是：在二樓弄一間不用水的「乾廁所」、增買太陽能熱水系統、利用有機肥發電、在花園裡增建一間溫室……一切都以環保、節能減碳為原則。還有很多計畫，其中包括環保游泳池，在水中培養有清潔功能的特殊植物來取代氯。我想艾力克和派屈克這輩子都會因為必須勞動而不感到無聊了，同時我也擔心我這個週末會不會被要求勞役，我心裡可沒有這樣的準備。

如果你來這裡當WWOOF義工，工作可能就是摘這些有機櫻桃來吃！

派屈克告訴我，WWOOF的義工是沒有年齡限制的，雖然以年輕人居多，但是任何人都可以申請，他去澳洲當義工旅遊的時候已經四十歲了，他家也曾經有六十三歲的荷蘭退休老人來，也有整個家庭父母帶小孩要來當義工度假的，狠心的父母逼迫自己的小孩體驗農家的辛苦，或者應該說是要讓小孩跟著享受田野的樂趣。他還告訴我，雖然在WWOOF的網站上寫清楚了工作內容，但事實上他們也不盡然會讓WWOOF的義工做太難的工作，對他們而言，比較多是交朋友的意味，在週末以有機農務來會友。而且因為他家不是專業的有機農場，家裡的農作物不是拿來賣，而是給自己吃的，來這裡的義工反而比較像客人，義工們頂多從花園裡摘水果來吃、除除草、陪驢子馬丁到附近的森林散步，大家快快樂樂地度個週末，一起享受在鄉間與大自然更接近的美好時光。不過他同時也警告我，不是每個WWOOF的成員都像他們一樣，他在澳洲的時候就曾經被要求每天必須工作六小時（這也是在網路上事先聲明協議好的，正常是每天工作四到五小時），而且幹的都是農場裡的粗活，不過這也讓他學習到如何在自家弄個小型有機農園的方法。

整個週末我們過得非常放鬆，我並沒有被要求從事任何農作，或者幫忙蓋乾廁所，反而是貪圖菜園裡的有機草莓好吃，把已經成熟的都拔來下肚。最最讓我難忘的當然是美食美酒，食物幾乎都是自家生產的：派屈克的哥哥自釀的酒（勃艮地的葡萄酒向來有名）、艾力克的父親做的有

5

6

1｜驢子馬丁的任務是陪主人散步。

2｜艾力克細心照顧的有機水果。

3｜嬌豔欲滴的有機蕃茄。

4｜第三次去找派屈克的時候剛好是南瓜
季節，吃了我炒的南瓜米粉後，我的沙
發主人說：「隨時歡迎再來！」

5｜從山丘上的韋茲萊可以俯瞰勃艮地
的田園風光，其中最重要的是產酒的葡
萄園。

6｜這裡有很多中古世紀留下來的小村
莊，百年石頭屋仍然安在。

7｜韋茲萊大教堂是十字軍東征的起
點，現在則是聖賈克朝聖之路的重要起
點之一。

7

機蜂蜜、地窖裡鮮摘的自己培養的香菇、前院的百里香拿來煮花草茶、後院的鼠尾草拿來烤肉、早餐直接去花園採草莓和櫻桃、生菜沙拉也是花園裡來的、桌上的牡丹花海芋和不知名的花也是前後花園種的，不但都是有機的農產品，並且都是步行就可以得到的，少了運輸過程，也算是一種節能減碳的實現！

「再過一些時日還有蘋果和梨子、番茄……。」派屈克這樣說，是對我下一次的邀請嗎？

「蘋果成熟時請務必打電話給我，我會飛奔而來。」我算是答應了他婉轉的邀約。

第二天派屈克還開車載大家去他家附近的一個中古世紀小山城韋茲萊（Vézelay）（註二）參觀，這裡可是十字軍東征的出發地，也是聖賈克（Saint Jacques）朝聖之路的起點之一，在西方歷史中扮演了重要的角色，很早就被UNESCO列入世界文化遺產名單，很多去過的人都說它是法國最美麗的山城。山上的教堂和種滿老樹的林園讓人可以感受到極大的能量。派屈克說這樣深入當地生活、認識當地歷史與文化的旅遊，也是樂活旅行家不能錯過的，他因為深知這一點，所以常常會帶他家的WWOOF義工到附近的小鎮參觀，逛逛勃艮地省許多別有情調的中古世紀小鎮，或者他家附近小鎮每週一次的農夫市集等等。我真幸運能遇到這樣的主人，並且在這個輕鬆的週末假期之後，與他們成了好朋友，離開時答應他們一定會再來拜訪。

再度來到派屈克和艾力克家裡，時序已經入秋，秋涼時節

韋茲萊的人不但對我和善，連對烏鴉都加以熱情招待！

韋茲萊教堂內部。因為精準的設計，每年夏至這一天正午陽光會從每個拱頂中央的小洞灑下來，聚光整齊排列照射在大廳正中央地板與放在祭壇中心的十字架上，行成一條精確的直線。

註二｜

Vézelay旅遊網站：

www.vezelaytourisme.com/sommaire_ang.htm

到森林遛驢的時候常常看到滿地亂生的野花，如果他們也能在我家亂開多好！

不宜輕易寬衣，於是我可以穿衣服到花園裡摘蘋果、梨子和番茄來吃，跟艾力克一起撿院子裡的核桃來榨油，早上還陪驢子馬丁去森林裡散步。

「千萬要在九點以前離開森林！」原來是狩獵季節已經開始（根據省份區域的不同，法國的狩獵季節通常是在九月中到二月中，除了狩獵季節之外禁止打獵），早上九點到中午十二點、下午兩點到五點是允許狩獵的時間，如果不在九點以前離開森林，可能會被當成獵物射擊！原來大自然裡還真暗藏危機！

我知道我的主人跟我一樣愛吃，這次可是有備而來，特地從巴黎帶來了二十公斤的食材，連大同電鍋和竹製蒸籠都

帶上了，每天煮美味的亞洲料理報答他們的熱情招待。院子裡的南瓜成熟了，被我拔來炒南瓜米粉，我還做了珍珠丸子、泰式綠咖哩雞、泰式紅咖哩豬肉加鳳梨和荔枝、乾扁四季豆和炒清江菜，晚上村長也被邀請來吃飯，飯前派屈克把暖氣給開了，我以為他體諒我來自溫暖的國家，不想讓我著涼，其實為的是吃飯的時候，大家可以來個「自然主義的晚餐」，因為村長也是自然主義者，我也只好入境隨俗了，這是我這輩子第一次脫光光吃南瓜炒米粉！不過如果你以為一群人脫光光飯後會飽暖思淫慾的話，那就大錯特錯了，這些自然主義者不穿衣服的時候跟一般人穿著衣服的時候一樣，他們吃飯、聊政治、聊旅行、向我探聽台灣人的飲食文化，並且因為我煮的食物而想到台灣去觀光。飯後累了就上床睡覺，沒什麼更刺激的事情發生。

我再一次利用討好沙發主人的胃而得到他們的心，他們愛極了我準備的食物，也對台灣吃的文化感到訝異，當我跟他們說我們吃豬腦、雞爪、稱雞屁股為七里香而搶著要、吃很多他們認為怪東西的時候，他們簡直不敢相信，決定到台灣親眼見證。而我準備的食物中最讓他們印象深刻的是隔天早上用剩飯煮的「廣東粥」，對於早餐吃鹹的東西這件事，住在鄉下的法國人竟然覺得不可思議。

「我最喜歡的其實是皮蛋瘦肉粥。所謂皮蛋就是把蛋浸泡在馬尿裡，讓尿酸把蛋泡熟，然後拿來食用。」我跟他們解釋另一種我早餐喜歡煮來吃的粥。

我的主人聽我這樣說之後臉都歪了，一直警告我別去收集馬丁的尿來泡蛋！

派屈克和艾力克家的農場等著你來WWOOFing！

我跟我的天體主義沙發主人說：我不是害羞，我是怕冷！
Photo by Emmanuel Ferrand

「我想我們還是比較習慣在早餐吃甜的口味。」他們這樣說的時候，嘴臉好像喝到馬尿一樣難看。

不過無論如何，他們在我煮過三餐後，已經上了我的廚藝的癮，直說我隨時要再來他家度假都歡迎。

他們說，我如果告訴所有的WWOOFer農場主人我煮得一手好菜，即使照片上看起來我瘦小而無縛雞之力，義工申請也一定會被錄取。我想喜歡到鄉間度假的我不愁接下來幾年的假期了，我可以用我的廚藝到世界各地的有機農場去度假，免費學習如何以環保的方式來照料農作物，這種吃住免費、又可以學習到知識和技能、深入鄉間接觸在地民俗文化的旅行，正是我一直嚮往的。

這個週末之後，我馬上加入了沙發客WWOOF族群，也到WWOOF網站上註冊，我在我的WWOOF網頁上寫著我深愛大自然，期待加入有機農業的行列，為環保而與WWOOF族共同努力，我出生於農家，會種田，還很會做菜，而且我總是穿衣服工作！

翡冷翠的夏天幾乎都是晴空萬里，即便是熱，為了托斯卡尼的明媚風光也是值得。

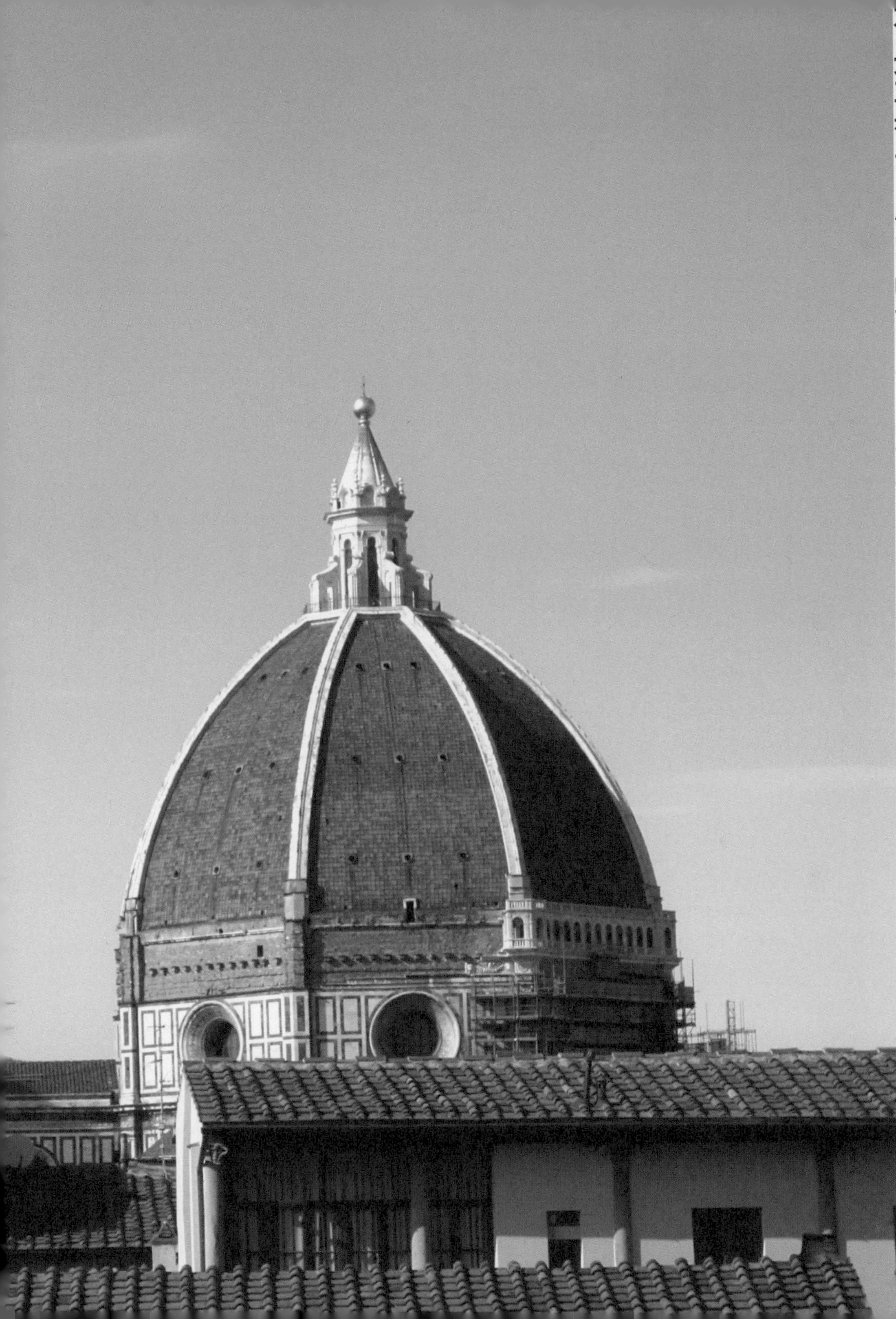

在托斯卡尼的豔陽下追憶似水年華 Toscane

旅行是不由自主地對上一次旅行的無限追憶。

一切的一切彷彿都在阻止我的這次旅行。

歐洲有很多廉價航空公司，因此即使沒有很多閒錢，要在歐洲內陸旅行並不難，不過這些便宜的機票常常有些不方便的地方，例如機場離市區很遠、出發時間故意要讓你去不了似的奇怪。我搭的Easyjet（註一）就是在早上六點十分起飛，也就是說我必須在五點半以前完成登機手續。我的好友曾經搭過這班飛機，他帶著老母前一天晚上就去睡機場。我跟他說我是豌豆王子，無法睡機場，幸好有夜間公車可以搭，查好公車時刻表後我還是緊張到睡不著，決定提前去等公車，結果歷經公車過站不停、公共腳踏車沒有停車位、快速直達車沒來之前搭上繞行整個巴黎郊區的普通車、機場的排隊等候過程之後，我被活生生地告知：「check-in關閉了！」

我於是錯過了我的飛機。

我有兩個選擇，一是當場付錢買另外一張下一班飛機的機票；二是不去義大利了，待在巴黎暗自神傷。

我深深吸了一口氣，跟自己說：沒有什麼事可以阻擋得了我的旅行，除非是盲腸炎！錢可以再賺，大不了去托斯卡尼少吃幾個冰淇淋，下半年節儉度日，每天只喝水、吃白麵包……好吧，不瞞你說，我再多買一張機票只花了五十二歐元。

於是，在比原來的計畫晚了八小時之後，我出現在托斯卡尼的霞光中，在聖尼可拉橋上看著美麗的翡冷翠黃昏景象，我覺得即使要我多花一百歐元也是值得的。

在聖尼可拉橋上看黃昏中的翡冷翠，這樣的景色讓我覺得重新買一張機票飛來托斯卡尼是對的。

註一 |
www.easyjet.com

漢森家的廚房。每天早上，他都會為我煮上一杯傳統義大利式的卡布奇諾咖啡。

距離上次踏上托斯卡尼的土地已經十一年了，那是個義大利的幣值還是里拉的年代，還沒有數位相機，把單眼相機忘在台灣的我，跟當時的情人從巴黎開車一路玩下來，沒有留下任何照片紀錄，於是花了更多心思把托斯卡尼的美景烙印在腦海裡，十多年後印象依然深刻，彷彿昨日。

我的沙發主人漢森曾經是我的沙發客，他一直希望我能去拜訪他，好讓他可以回報我的恩惠，我覺得只收留人家五天，煮過日本料理、泰國料理、中國料理讓他和他女友認識亞洲美食這種小事不足以掛齒，而且這個德國出生長大的土耳其人住在一個德國南部小鎮，沒有人會想去那個地方！直到他搬到翡冷翠，我才終於接受了他的邀請，因為多年來我一直想重遊托斯卡尼。

一年多不見，二十三歲的漢森會說的語言又多了兩種（他已經會說八種語言），這個年輕人因為喜歡旅行，認為會說當地語言是更深入認識當地文化的好工具，所以一直在學新語言，因為我的到來，還去學了中文，已經可以簡單地用中文跟我打招呼，說些讓人高興的甜心話；我覺得他的想法沒錯，也很羨慕他的語言天分。

托斯卡尼美景處處，連漢森家的後花園在艷陽下都讓人覺得美。

我們決定以漢森居住的翡冷翠為據點，每天去一個附近值得拜訪的小鎮參觀。因為我這次的目的是要舊地重遊，補拍十一年前沒拍的照片，所以我們的名單有：盧卡（Lucca）、西耶納（Siena）、聖吉米尼亞諾（San Gimignano）和比薩（Pisa）。

當然以我牡羊座的個性加上漢森滿不在乎的性格，我們的計畫永遠趕不上變化。

我們每天都在慢慢享用早餐後，拚命趕去車站錯過該搭的火車：騎腳踏車狂奔，從差點撞上的汽車前倖存之後，眼睜睜地看著我們的火車開走，只有一次終於手碰到車廂，但是已經關上的車門不再打開了，火車與車上一個女生含情脈脈的眼神離我們而去！

本來要走到海邊野餐，卻因為太餓了，半路隨便找個陰涼處就地野吃起來！

盧卡

因為錯過該搭乘的火車，我們決定到盧卡之前先去拖雷德拉歌（Torre del Lago）的海邊野餐。

這是一個很原始的海灘，從火車站走到海邊的途中會先經過一大片木麻黃森林。十一年前，在義大利這個海灘多被私人商業行為占據的國家，這裡是我意外找到的免付費公共海灘，因為它比較難抵達，所以一切都還給人原始的感受。

托雷德拉歌海灘離比薩不遠，仍然保有自然原始的景象。

我們在傳統商店買了看似美味、像蔥油餅的focaccia麵包、火腿和一些水果，還沒走到海邊就迫不及待地在森林裡找塊空地用餐。兩個愛吃、對美食總是細細慢慢品味的人又花了過多時間，到達海邊剛塗完防曬油，就必須起身趕火車。靈機一動，我倆決定試著搭便車，豎起大拇指數分鐘看過無數奇異的眼光之後才恍然大悟：我們只穿泳褲！穿上衣服後果然有車子停下來，是公車。公車抵達火車站，剛好讓我們看到火車開走，不過這樣也好，因為後

盧卡的大教堂，裡外看起來都氣勢驚人。

來我們搭乘了一班使用太陽能的火車（註二），義大利人把太陽能磚架設到火車上，即使是老火車都可以利用太陽能行走，在托斯卡尼的豔陽下，這個環保的點子值得讚賞。

時光倒退十一年，盧卡小鎮是托斯卡尼的一顆珍珠，當時決定來此進行分手之旅的我，在盧卡浪漫的氣氛下，覺得跟情人更緊密，即便我心裡已經決定在旅行後結束我們長距離的關係，當下確實還能感受到愛情的永恆，「愛一個人並不一定要廝守在一起。」我這麼想著，心裡跟當時喝的那杯義大利espresso一樣苦。

「我的愛，你為何流淚？」坐在對面的情人問。
「因為此刻我很快樂。」我認真地說出了心裡的話。

十一年後再到盧卡，依然覺得這是個極浪漫的小鎮。舊石路、小廣場、大廣場、富麗堂皇的百年老書店、老教堂、街頭古典音樂演奏、溫馨的咖啡廳，小街小巷裡穿梭的男女、老人和小孩，都讓我覺得可親；在這個幾乎看不到汽車的小城市，所有人的步調都變得更放鬆，置身其間，不自覺地感到悠閒。在這裡，腳踏車是主要的交通工具，陽光斜射在舊石板路上的腳踏車，勾起我無數美好的回憶。舊堡壘被改成環城綠色大道，在上面漫步或騎車的人看起來個個呈現身心舒暢的滿足面容，讓我看得心馳神迷。
「你流淚了。」漢森說。
「因為我很快樂。」說完瞄了一眼時間，我說：「而且我很緊張，因為我們又要錯過火車了！」

註二｜
太陽能火車（Photovoltaic Train），在火車上加裝太陽能板或太陽能磚的火車，義大利在2002-2005年之間開始推行太陽能火車計畫，雖然沒有全面實施，但是兩年之內，少數的幾台太陽能火車就減少了1033.82公斤的二氧化碳！

1

2

3

4

1｜盧卡幾乎是個看不到汽車的小鎮，腳
踏車是居民的代步工具，觀光客也可以
很容易租到車，真是健康。

2｜盧卡舊城區內常常可以看到古老的宅
院，以及歲月在它們身上留下的痕跡，
讓人懷舊唏噓不已。

3｜陽光照射在舊石板路上引人遐思。

4｜梅卡多（Mercado）廣場上的隨便
一個角落都美。

5｜建於十一世紀的Saint Michelle in
Foro教堂有著令人看了屏息的門面。

5

西耶納的廣場一直是我心目中最美的廣場之一。每年會舉辦兩次全世界唯一的市中心賽馬（七月二日和八月十六日的Palio delle Contrade。

西耶納

西耶納的廣場曾經是我心目中最美麗的廣場，因為一個大庭廣眾之下落在我嘴上的吻。

這次選擇在星期三到西耶納，為的是它每週三早上八點到下午一點，環繞在Lizza花園舊環城堡壘的市集。
又錯過火車的我及漢森抵達市集的時間已經中午，我們照例在市場上買了看來好吃的當地土產：烤乳豬三明治、火腿、葡萄、蜜李、無花果、醃漬橄欖、mozzarella水牛乳酪、醃漬番茄乾、香料餅乾。然後找了一塊樹蔭下的空地，鋪上野餐布，吃將起來，旁邊有四個正在喝酒的金髮

美女，仔細聽果然是蘇俄人——這語言我曾經因為演出需要而學過幾句。

然後我們為了要上廁所而走進一家隨便找到的咖啡酒吧，慘綠的裝潢像極了王家衛的電影，原來是一間愛爾蘭酒吧。一個獨自專心在電腦前寫作的男子讓我投射成自己，十一年前我也曾經在西耶納的一家咖啡廳裡獨坐，等待去為我買冰淇淋的情人，美味的義大利冰淇淋下肚後，即使不是山盟海誓也變成了甜言蜜語，「親愛的，今晚想吃什麼？」還有比這更浪漫的問句嗎？

我記得當天晚上我們去一家有蝸牛標誌的慢食餐廳（註三），在燭光下慢慢享受美食，即便明天就要分離也有喜悅。

十六世紀時，卡薩琳·麥迪奇（Catherine de Medici）從翡冷翠嫁到法國王室，她帶到法國的義大利廚師和禮儀把法國的飲食提升到美食的地位。二十世紀的義大利則是慢食運動（Slow Food）的發源地，二十年來，這個主張飲食有益健康、不破壞自然環境所生產的、生產者被公平交易對待的運動，已經慢慢受到越來越多人的重視；它不只是提倡「慢慢吃以真正品嚐食物的美味」，更在乎盤中物與我們所居住的地球和所有生物的強烈連結，如果這些層面都顧到了，飲食的愉悅就會自然而生。

離開慘綠酒吧，參觀了大教堂，登上了博物館頂樓俯瞰整個西耶納的迷人風貌，然後我們來到西耶納廣場。這個每年舉辦跑馬節慶的大廣場吸引了很多觀光客，我找個角落的位置坐下來，看很多戀人在此接吻，此時心中忽然燃起一股衝動……拜現代科技所賜，我傳了個簡訊給舊情人：「我在西耶納廣場。看工人為節慶搭台、街頭藝人雜耍……忽然想到你。你好嗎？」其實我想說的是「沒有你，我倉皇失措！」但是因為我知道舊情人現在快樂地與另一個更適合的人在一起，因此我並沒有這樣寫，簡訊傳出去之後，我覺得鬆了一口氣，原來這段追憶之旅幾天以來讓我一直處於感傷的情緒，托斯卡尼美則美矣，卻因為我思及多年前分手之旅的情緒，而被添上了感傷外衣。

1

2

3

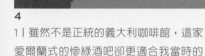

4

1｜雖然不是正統的義大利咖啡館，這家愛爾蘭式的慘綠酒吧卻更適合我當時的心情。

2｜西耶納的舊城區位於小山丘上，有小斜坡的街道更顯迷人之姿。

3｜古代洗禮堂（Baptistry）的精美內部。

4｜上面蓋有房子的維奇歐橋（Ponte Vecchio）是翡冷翠最著名的橋，上面總是有擁擠的人潮。

5｜西耶納大教堂（Duomo de Siena）內部最令人印象深刻的五十六片精雕大理石地板，述說著聖經和歷史故事。

5

我看著另一對正在擁吻的戀人，想像那是我的舊情人正快樂地生活著，愛一個人不就是希望被愛的對象能快樂嗎？我當年的決定是對的，當現實的距離因素無法克服的時候，放過對方、各覓幸福是個好的選擇。

因為不想繼續感傷下去，我放棄了內心原來想請漢森去慢食餐廳晚餐的計畫，在西耶納向一個和藹的老伯買了菜，決定自己下廚。漢森說想念我在巴黎做的菜，而且我想自己做晚餐肯定比慢食餐廳更慢！

Piazza della Signoria也是很受歡迎的廣場．

翡冷翠

我喜歡學徐志摩把Frienze譯成翡冷翠，覺得這樣比起佛羅倫斯更有詩意。

不再感傷的我懷著快樂的心情，好好地參觀了翡冷翠這個許多人心目中最浪漫的城市，喜歡文藝復興風格的我因為有足夠的時間，在沒有被即將結束感情的情緒沖昏頭的情況下，終於可以好好欣賞這個文藝復興的發源地。

烏菲茲美術館（Galleria degli Uffizi）內藏有我喜愛的文藝復興畫家最重要的作品，讓我在裡面流連忘返；大衛雕像果然很巨大，參觀那天還有已故攝影師羅柏·梅波索普（Robert Mapplethorpe）拍攝的人體照片擺在完美的雕像旁邊，相得益彰；空盪得嚇人的百花教堂、讓人彷彿環遊世界甚至遨遊太空的伽利略特展、麥迪奇宮（Palaz-zo Medici）的富麗堂皇……我算是盡了觀光客應盡的義務，把翡冷翠的重要景點幾乎都參觀了，已經到了即使未

這家便宜又好吃的schiacciata三明治店，就在但丁教堂旁。

來三年不接觸文藝復興藝術也不會覺得遺憾的地步。

為了不想把自己寵壞，我規定自己一天只能吃兩次令人無法抗拒的義大利冰淇淋，雖然有兩次破例吃了第三次，也因為確實太美味而原諒自己的破壞原則。這些天還吃到一家便宜又好吃的schiacciata（一種客人可以自由選擇當地特產為餡的三明治），它位於但丁教堂旁邊（註四），但丁之家斜對面，別告訴太多人，但別說我沒告訴你。

結束托斯卡尼之旅的前一天，我要漢森再陪我去一次米開朗基羅廣場（Piazza Michelangelo）看夕陽，這個十一年前我沒來過的地方，如今是我在翡冷翠的最愛。從山上俯瞰晚霞中的翡冷翠，會有一種今生了無遺憾的強烈感受。

這一天，有一對新婚伴侶來這裡拍婚紗照，新郎數度把新娘抱起，兩人不時深情接吻、含情脈脈；一個彈吉他的街頭藝人在階梯上唱著懷舊歌曲，就在夕陽即將隱沒的那一刻，他說要唱一首很特別的歌，說的時候眼光彷彿直視著我，然後隨著優美的吉他聲，他唱著：「Wish you were here.」

這一刻，我沒有哭，因為我知道，我跟舊情人都很幸福。

註四｜
Via Santa Margherita, 4, 50122 Firenze

1｜米開朗基羅廣場位於山丘上，是最佳看夕陽地點。

2｜黃昏從米開朗基羅廣場俯瞰翡冷翠，這時候真希望能有個情人在身邊！

3｜翡冷翠到處可以看到精緻的文藝復興傑作。

4｜亞諾河（Fiume Arno）流穿過的翡冷翠，在夕陽西下後的魔術時刻更顯迷人。

1

2

3

4

雖然塞農克修道院前的薰衣草田正因休耕而改種兩年大麥，但是它外面不遠處的田「幾乎」已是花期。

旅行前的過度期待容易引起失望，
有時反而是意料之外的經驗給人更多的喜悅。

有一天我的好友猴餵菠菜（音譯）問我，為什麼從來沒有
找他一起去旅行，我說因為從來不知道有人會想跟我一起
去旅行啊！

不過既然他這樣反應，我於是安排了跟他一起去葡萄牙北
部大城，以出產同名餐前酒聞名的波多旅行，緊接著跟另
外兩個好友到普羅旺斯看盛開的薰衣草田之旅，買大送小
地把他也帶上了。

我們先參加了波多這個迷人的城市每年六月二十四日的聖
約翰（São João）節（註一），參觀了幾家產波多酒的
酒莊（當然也喝了不少好酒），熱情的沙發主人還帶我們
去西班牙玩，我在海邊撿了一些遍布的海藻，煮了連我都
覺得是人間美味的湯，立即收買了所有人的心，我們度過
了難忘的五天。

波多是葡萄牙北邊的港市，出產著
名的波多酒。除了欣賞河兩岸優美
風景，還可以免費參觀酒廠、試喝
波多酒。

從波多飛到法國里昂，跟從德國科隆開車下來的鐵和與馬
帝亞會合後，我們往普羅旺斯開去，心情興奮到彷彿一路
都可以聞到薰衣草香味，儘管法國人和德國人嘴裡說看盛
開的薰衣草田應該沒什麼大不了，對於我和鐵和（泰國
人）這兩個亞洲人而言，那可是心中積存已久的願望！

聖約翰節晚上大家拿塑膠榔頭互敲
以祝好運非常特別。

我們的普羅旺斯之旅由一陣強烈的密斯脫拉風（Mis-
tral）風揭開序曲。密斯脫拉風是法國南部特有的強風，
乾燥強勁，據說會為一整年帶來好天氣。我們的「沙發」
位於亞維儂南方，一個叫狐堡（Châteaurenard）的小
鎮，主人娜塔莉原來計畫在她的院子裡吃晚餐，對於我

註一 |
葡萄牙最著名的節慶活動之一，每
年的六月二十三日晚上開始慶祝，
在河港施放煙火。它的特色是除了
狂飲縱樂之外，大家都會買一個塑
膠榔頭來互相敲頭為對方帶來好
運，以及吃炭烤沙丁魚。

在享用沙發主人娜塔莉為我們煮的Ratatouille之前，先在她家院子裡喝開胃酒。

們幾個都市人而言，這個南法鄉間夏日的習慣是一種難得的奢侈，無奈因為強風的關係只好移軍室內。娜塔莉是音樂老師，跟馬帝亞大談歌劇，好像終於找到知己，就像我跟馬帝亞談電影一樣；這位用心的沙發主人特地為我們煮了一道Ratatouille，用這道普羅旺斯的傳統菜來歡迎我們再適合也不過了，尤其是我和鐵和兩個亞洲人，一聽到菜名就不禁發出幾乎為之瘋狂的驚嘆，這道因為電影〈料理鼠王〉（Ratatouille）而聲名大噪的南法傳統菜其實沒有一定的食譜，娜塔莉說她的作法只是把當地當季的各種蔬菜（茄子、洋蔥、節瓜、青椒、紅椒、番茄）切了放在一起，加上橄欖油慢火燉煮一小時，既簡單又好吃；我們還吃了尼斯的特製醃橄欖和德國乾香腸當開胃菜、喝了波多當餐前酒（想也知道是我帶來送給沙發主人的禮物），以及用普羅旺斯產的玫瑰酒（vin rosé）佐餐。飯後長談時喝的是娜塔莉家的花園裡生產的薰衣草茶，完全普羅旺斯風格；在娜塔莉的提醒下把窗戶外的摺蓋板（volet）關上睡覺，以免第二天一早被太陽曬醒，這時我心裡充滿了喜悅：我們已經來到陽光燦爛的普羅旺斯了！

我們先到亞維儂的遊客中心拿薰衣草之路的相關資料，卻聽到一個天大的噩耗：「今年因為地球暖化的緣故，薰衣草還沒盛開喔！」遊客中心的善心小姐這樣說。
「什麼？你是說我們千里迢迢來到普羅旺斯將看不到紫色的花海？」我當時的表情一定是萬念俱灰、了無生趣，而讓那位小姐覺得自己好像犯了天大的錯誤般地一再跟我道歉。

我跟那位小姐說，在日本，如果電視新聞播報員報錯櫻花開放的日期而讓日本人白跑一趟的話，他不是引咎辭職就是切腹自殺！在法國倒是容易，只要怪罪給地球暖化現象就好了。我可是查遍了所有觀光網站，知道六月底是觀賞薰衣草花海的最佳時機，並有一次七月中旬到普羅旺斯遇到收割完畢只看到殘枝敗葉的經驗後才定下這趟旅行的，沒想到已經到了薰衣草的產地，才被告知這一次又看不到花海了。「為什麼官方網站上不提供最新的資訊？你知道這讓幾百萬個人失望嗎？」我一連串的問題讓那位小姐慌了，她於是決定幫我打電話到不同的旅遊中心去問問，看能不能在旅遊局規畫建議的六條薰衣草之路中，找到一條是已經可以看到盛開的薰衣草花海的。「我期待打開車窗就能聞到飄來的薰衣草香！」我這樣告訴她。

南法薰衣草的分布地區相當廣，可說散布於整個普羅旺斯區，該省的旅遊局特別規畫了六條「薰衣草之路」（註二）：Vercors-Diois、Drôme Provençale Haut-Vaucluse、Ventoux-Luberon、Luberon -Lure、Préalpes Provençales、Haute-Provence- Verdon，沿著這些路線有很多薰衣草田，以及許多美麗的小鎮；我們原本計畫要去的Ventoux - Luberon是最著名的一條路線，這條路線上的勾禾德（Gordes）、梭特（Sault）小鎮、塞農克修道院（Abbaye Notre-Dame de Sé-nanque）等都是著名的觀光景點，尤其是塞農克修道院前面那一片薰衣草田紫花盛開的景象，更是深深地印在很多人的腦海裡。只可惜花期還沒到。幸好善心小姐最後幫

法國觀光局規畫的五條薰衣草之路，如果花季的時候來，在車上就可以聞到陣陣薰衣草香。

註二 |
這個網站可以查到這六條薰衣草之路的路線圖：www.provence.guideweb.com/circuits/route-de-la-lavande.php

我們去的端午節前夕，亞維儂橋下有人在划獨木舟，難道他們也慶祝端午？

我們問到了Drôme Provençale Haut-Vaucluse的薰衣草應該再過兩三天就會盛開，我的心才又重新燃起希望，破涕為笑。

我們決定還是去Ventoux-Luberon走上一遭，因為可以看看薰衣草田花盛開前是什麼樣子，而且參觀美麗的普羅旺斯小鎮應該也是一種樂趣。Gordes這個小鎮是很多人建議我去的山城，是很多人心目中「法國最美的小鎮」；Sault有一家薰衣草博物館，據說值得參觀；塞農克修道院更是非去不可，鐵和說，他所有的泰國朋友都在等著看他在修道院的薰衣草田裡拍的「到此一遊」照片，花沒開也沒關係。而且北邊的Drôme Provençale Haut-Vaucluse，在回程的路上，按照旅遊中心小姐的說法，等我們參觀完南邊的小鎮之後，剛好也會是那裡的薰衣草盛開期，如果她騙我，我會折回亞維儂把她的眼睛揪出來！

車子往塞農克修道院開的時候，果然沿途有很多薰衣草田，即使花沒開，含苞待放即將爆裂出滿山谷紫色花海的氣勢已經夠讓我們興奮了，我和鐵和不斷大喊「停車」下來拍照，馬帝亞和猴餵菠菜倒是一派鎮定，他們兩個為什麼不乾脆結拜算了？

終於來到塞農克修道院，我和鐵和的心都碎了！拿著我們在亞維儂事先買好的明信片對照了很多次，是那個修道院沒錯，可是前面的大片空地種的不是薰衣草！這可讓我忍無可忍了，直奔去問修士，他們把薰衣草田怎麼啦？

1

2

3

4

5

6

7

1｜薰衣草有鎮定情緒功能，加上普羅旺斯的豔陽，我一直想睡覺。

2｜位於薰衣草之路上的梭特。鎮上有一家薰衣草博物館；從山丘上可俯瞰大片薰衣草田，連居民晾曬的衣服都彷彿飄來陣陣薰衣草味。

3｜普羅旺斯的小鎮常常會用花來點綴街道牌，煞是可愛。

4｜中古世紀的預言家諾斯特拉達穆斯（Nostradamus）是普羅旺斯聖雷米（Saint-Remy-de-Provence）人，他所著的《百詩篇》（Les Propheties）至今仍是很受歡迎的預言書。

5｜眾所期待的塞農克修道院前薰衣草田，竟然改種大麥！

6｜傳統的普羅旺斯房舍，窗戶有摺蓋板，用來抵擋強烈的陽光；房子裡外都種上很多植物。

7｜普羅旺斯的每一間小教堂都充滿古色古香。

「薰衣草田每十年必須休耕一到兩年,這樣薰衣草才會開得好!」被我抓來問的修士悠悠地說,好像已經修行修過頭,沒有了人該有的情感,無法體會我們的失望。於是我們只好在塞農克修道院前拍了一張與「麥田」的合影,並且決定不把買好的明信片寄去騙人。

接著來到了勾禾德,遠看真是一座美麗的山城。我們在某人家的花園前停下來,偷跑進去拍了有薰衣草花,並以勾禾德為背景的照片,在主人還沒放狗出來咬人之前,拔了一枝薰衣草放在口袋裡(錯誤示範,請勿模仿)。

到了勾禾德山城入口,車子禁止進入,停車場客滿,城外的路邊也都停滿了車子,我們找停車位幾乎要找到下一個村子裡了,我想塞了一百萬個觀光客的小鎮再怎麼美我也不想進去,而且可以想像裡面盡是觀光紀念品店的情景,我們不想因此破壞了剛剛遠眺勾禾德城的美好印象,決定略過跟千萬觀光客在小街上擁擠的機會,直接來到了梭特。卻也在陪鐵和買了一些可以想像得到的薰衣草紀念品之後覺得「夠了」!還沒看到薰衣草花海的我已經先被薰衣草產品給薰到對它麻木了。我後來只買了兩串大蒜!

接下來的一天,我們決定先給自己「放假」,暫時不要從事與薰衣草有關的活動,免得最後一天真正看到薰衣草花海的時候沒有感覺。

我們去嘉德水道橋(Pont du Gard)下野餐,看年輕人跳水、泛舟,然後在河裡游泳消暑。我忽然想到曾經因沒

Gordes法文可以指懸在天上的絲線,這個小鎮如其名,就像懸在天上的村莊。

La tour Fenestrelle塔是Uzès著名的景點，這裡是個寧靜的小鎮，適合來度過一個悠閒的午后。

搭上一天只有兩班公車而錯過的Uzès小鎮就在附近，趁著有車，去那裡享受了一個悠閒的下午時光，這個寧靜的小鎮真是美麗。接著，提早回娜塔莉家煮了泰國菜晚餐，度過了另一個賓主盡歡的美好夜晚。

最後一天終於來到了Drôme Provençale Haut-Vaucluse，果真看到了滿坑滿谷的薰衣草紫色花海，大量拍照到對薰衣草田不再感興趣為止。這趟專程為薰衣草而來的旅行，經由期待的落空、期待的景象過度出現的過程，竟然以讓我們對「數大便是美」的薰衣草暫時失去了感覺而告終！

我們想把握在鄉間大自然裡呼吸新鮮空氣的時光，在葛里儂（Grignan）這個美麗小鎮的熟食店和麵包店買了一些當地生產的乳酪、乾香腸、火腿、鄉村麵包和水果，決定找一個僻靜的角落野餐，最好是有河有樹，沒有薰衣草沒關係。

忽然間，所有人都被路旁的一幅景色所吸引，在我還沒大喊停車、只叫了一聲「我的天」之後，馬帝亞已經把車停下來了（事後他說是被我嚇到而緊急煞車）；我和鐵和二話不說，馬上奪門而出拚命拍照。眼前，一片休耕的田裡、攤在陽光下恣意開放的是紅色的罌粟花，細細長長的花梗支撐著鮮紅的花朵在微風中翩然起舞，不似薰衣草田的整齊排列，它們顯現的是一種無秩序之美。

我們還找了一天去嘉德水道橋下野餐、游泳。

「親愛的，不論你們怎麼想，我決定不走了，這裡就是我的野餐地，即使是在大馬路旁邊我也不在乎！」拍完照片之後我這樣對大家說，竟也得到了同意。

我們就在田邊的樹蔭下鋪上了野餐布，像馬奈（E.Manet）的油畫那樣，開始了我們草地上的野餐。眼睛看著迎風搖曳的罌粟花、鼻子聞到遠處傳來的薰衣草香、耳裡聽到的是旁邊的溪水潺潺、口中吃的是普羅旺斯的美味土產，有藍天白雲豔陽與好友為伴，我們頓時無語，默默地享受這美好時光、人生中的極大幸福。

我不自覺地盯住身旁的一朵罌粟花看，深深受到它在陽光下近乎透明的花瓣所吸引，它們精準平衡地落在細長的花梗之上，隨風輕舞，彷若飛翔；我看得幾乎進入禪的境界，這時我心裡想著，有了這樣的片刻，即使沒看到期待中塞農修道院前盛開的薰衣草田已經不重要了，以罌粟花結束的薰衣草之路反而讓我感到珍貴。就這樣，不在期待中，隨機散布在田野間恣意開放的罌粟花雖然不是主角，卻成了我這趟旅行中最大的感動。

我於是學到了不過度期待與不強求的人生哲理。意料之外的喜悅有時反而比期待的實現更讓人感到珍貴，只要我們懂得去細心注意和欣賞。

1 | 這片漫無秩序生長的罌粟花，不在期待之中，卻給了我更大的感動。我們就在這片罌粟花旁邊野餐，聽著鳥叫蟲鳴、溪水潺潺。

奔牛的時間是早上八點，之前街道兩邊早就擠滿了觀看的人，街道兩旁有陽台的房子是最佳觀賞地點，我甚至懷疑那些住戶是否販賣門票，我很想買！

常常、旅人尋求的是冒險與刺激，
甚至是在賭生死邊緣的運氣。

潘普洛納這個位於西班牙北部的城市之所以會舉世聞名，得感謝大文豪海明威在他的小說中對其奔牛節（Encier-ro）的描寫，原本只是一個民間節慶活動，規模比起台灣大甲媽祖繞境甚至南鯤鯓大拜拜都要小得多，但是經由海明威的深刻描寫，從此一炮而紅，每年吸引了大量來自世界各地的觀光客，為的就是來看七月七號到十四號每天早上八點的奔牛活動，給這個城市帶來了大量觀光收入，潘普洛納市政府還特地在奔牛的終點——鬥牛場外豎立了海明威的雕像感謝他。二〇〇七年第一次帶我來的JM有感而發地說：「難得窮藝術家也可以有大貢獻！」身為我的好朋友，他一直為正在念電影的兒子和念戲劇的女兒以及以藝術家名義到處遊蕩的我擔心。

潘普洛納的西班牙文是Pamplona，法文是Pampe-lune，但這裡屬於巴斯克語區的納瓦拉（Navarre）省，所以還有個巴斯克名：Iruna。
我們到達潘普洛納的時候，奔牛節已經結束兩個禮拜了，所以並沒有看到大量觀光人潮，但是奔牛節的宣傳海報還到處張貼著，街邊牆上甚至還看得到狂奔的年輕人終於難逃被牛角戳傷而留下的血跡，誠然令人怵目驚心。
我想我再怎麼解釋奔牛節都無法像海明威那麼精采，不過如果你懶得去讀他的小說，就容許我在這裡輕描淡寫一番吧。
其實我也不清楚奔牛節的真正由來，我無法想像，為什麼會有一群人忽然想要去跑給即將被鬥牛士宰殺的狂牛追。

鬥牛場外的海明威塑像。海明威於一九二三年七月六日第一次來到潘普洛納，正是San Fermin節慶開始的日子，他深深為這個跑給牛追的冒險刺激活動著迷；一九二六年，他的第一本小說《當太陽照常升起》（The Sun Also Rises）就是以奔牛節為背景，從此這個原本只是小鎮規模的傳統活動成了國際聞名的節慶，每年吸引了眾多的觀光客，為該城帶來無數商機。市政府特於一九六八年塑立此像感謝他；當初海明威曾經流連的飯店、酒吧，如今都成了觀光客必訪之地。

潘普洛納街上到處都是販賣San fer-min用品的店，想想看有將近一百萬人必須穿白衣白褲戴紅領巾，還有更多人想買周邊商品，這個城市大概一年就賺這七天！

不過我知道西班牙和法國西南一直以來有著鬥牛的傳統（漸漸地遭到保護動物協會的反對，有些地方甚至已經被禁止了，法國除了西南幾個已長久有此傳統的小鎮之外，其他地方根本看不到），這是從中古世紀流傳到今天的一項傳統活動，在潘普洛納更是San Fermin宗教節的高潮。

在San Fermin的鬥牛節期間，每天早上，那些即將被鬥的牛都會從牠們在城牆外的牛圈被趕往市中心的行刑鬥牛場，通常每天有六隻牛，牛隻可能受到驚嚇或者預知死亡，總會一路奔跑到底，而潘普洛納的市民不知從什麼時候開始就習慣在這個時候跑給牛追，「應該是一群血氣方剛無處發洩的年輕人開始的吧。」JM這麼說（廢話，難道會是一群撐枴杖的老人嗎？）。

這項活動當然被明文禁止，但是卻因此有更多人冒險加入，你愈是要禁我就愈是要做，幾百年來終於演變成這個城市的特色傳統，還有很多人專程從其他城市來跑給牛追，年輕男人甚至把它當成證明自己英勇的手段！即使幾乎每年都有人傷甚至亡，這個活動直到今天仍然繼續進行著，而且似乎一年比一年盛大。

我從明信片和攝影集上看到很多奔牛節的紀錄圖片，盛況真是驚人，被追的人（好像沒看到女的）都穿上了白色衣褲、脖子像童子軍一樣繫上紅巾、戴上小紅帽，模樣還真可愛，可是跑在狂牛面前每個人都面目猙獰，有些人跑得比較慢，狂牛來了只好往兩邊的窗牆上爬躲，沿路上看熱鬧的人把街道塞得水泄不通，市政府廣場上擠滿了人，樓

上陽台也塞滿了歡呼鼓譟的觀望者，街道兩旁的商店都釘裝木板保護櫥窗，有陽台的都塞滿了人，沒陽台的人都快被擠出窗外了，被牛追的人激奮到臉全扭曲了，被牛踩被人踩，血傷到處可見，全城都陷入忘形神迷的狂喜，光看照片我都激動得將要停止呼吸了，無法想像如果當時人在現場，情形會怎樣，更別說是要像尖叫皇后般地跑給牛追了，我念體育系可不是為了要來做這等傻事。「但這是我們一生當中不該錯過的精采刺激場面啊！」JM以誠懇的口氣這麼說，所以我們決定明年要在San Fermin節的時候，再度造訪這個城市。

「不過先說好了，可以送我那套可愛的制服，但不能慫恿我下去跑！」我斬釘截鐵地對他說。於是我們約好了二○○八年的七月七日在潘普洛納見。

二○○八年夏天，我們如約來到了西班牙奔牛城。

即將在鬥牛場被殺的公牛，會在節慶的前幾天被運送到舊城外的大牛圈裡，鬥牛的前一天晚上，有六隻公牛和三隻母牛會被趕到舊城牆旁邊的小牛圈，隔天這些公牛會在鬥牛場被鬥牛士刺死，母牛則用來拖運屍體。

鬥牛的當天早上八點，牛隻會被釋放並追趕到已經為牠們設計好的黃泉路上——也就是舊城區經過市政府通往鬥牛場的主要大街，成千上萬不怕死、穿白衣圍紅方巾的人就會在這個時候跑給牛追，直到鬥牛場為止。鬥牛活動在下午舉行，巨大的鬥牛場坐滿了穿著白色衣服戴紅色圍巾的觀眾，一票難求。

因為前一年錯過了奔牛活動，我們約好了隔年七月七日在潘普洛納的市政府前廣場前集合，要親身體驗奔牛節的氣氛。

鬥牛士的戰袍。

鬥牛是在這個門後進行的，如果門來不及開，被追到這裡的人會忽然腎上腺素分泌而跳上牆，或者，被牛踩刺。

狂奔的牛與跑給牛追的人。

根據資料顯示，每年在被牛追的過程當中，總是會有人受傷或死亡，我看到不少血淋淋的照片，其中帶給我噩夢的是一個爬上窗戶躲避卻還是被狂牛刺穿小腿的男人，尖銳的牛角插入他小腿的肌肉，從皮膚上可以看出牛角的大小和形狀，男人表情極痛苦，彷彿承受了狂牛臨死前所有掙扎的能量，原本在旁邊觀看的人也都落荒而逃，整個畫面像是一個大災難。但是就像所有危險的活動一樣，這樣的刺激吸引了越來越多人的參與，尤其是那些想要向女人炫耀自己勇敢的男人們，其中當然以年輕人居多，尤其是美國觀光客，他們都曾經在學校裡被規定讀了海明威的小說。

我們到潘普洛納的時候已經是晚上八點多，第一天的鬥牛剛剛結束，看到成千上萬的白衣紅巾人從鬥牛場湧出來，面露喜悅的兇光，我不禁要以為世界末日快到了，人們才會以最殘忍的方式來狂歡。

我們準備好了野餐，醃牛腿和紅酒。然後等著看第二天的六頭公牛從大牛圈被趕到小牛圈等死，明天他們就要從小牛圈開始奔到鬥牛場被鬥至死。或許牠們將被餵以美味的最後的晚餐。

除了San Fermin以外的其他日子，到潘普洛納的拜訪的人並不多，大概只有步行到聖地牙哥（Saintiago de Compostela）的朝聖者會路經過夜，所以旅館數量很少，根本不足以安頓大量湧入的奔牛節觀光客。於是政府在這段期間允許人到處睡，街上、公園裡都可以看到有人任意躺下就睡；

通常大家都會飲酒狂歡一整夜，第二天一大早到街上占位子看奔牛或給牛追，如果活下來了，就去隨便找個地方睡覺，下午再去看鬥牛。

我從沙發客網站上找到一個西班牙當地人願意帶我參觀，剛好有其他沙發客也來參與，我們一群人決定喝酒跳舞一整夜，然後一起去看奔牛。城中心的廣場午夜開始有免費的熱門音樂會，酒吧（尤其是海明威以前常常光顧的Café Iruna）裡外擠滿了縱情暢飲的人，幾乎每個街角都有人醉倒或正在尿尿……跟我同行的JM早就因為對這樣的活動沒興趣而回車上睡覺去了。

海明威以前常光顧的Cafe Iruna，現在是最熱門的景點。

跟一群二十幾歲的年輕人在音樂震人耳聾的酒吧狂飲啤酒、泡馬子這等事，其實已經超出我的年齡範圍了，我硬撐到凌晨四點，終於受不了必須找地方睡覺，卻因為連續受到醉漢騷擾而緊張到睡不著，飢寒交迫的情況真真是人生一大折磨，堅持入境隨俗的我到頭來是吃盡苦頭。

好不容易撐到早上六點，我又跟沙發客會合，找到一個台階等著看奔牛，他們決定先觀看，隔天要下去跑給牛追。

經過了兩個小時的等待，此時街旁欄杆外、靠街人家的陽台上都擠滿了觀眾，街上則是充滿了等待被牛追的人，大家都是一臉倦容卻又有著萬般期待的眼神。

大部分人都喝醉後，整個城市像是充滿了穿制服病人的瘋人院。

終於，廣播傳來警告，大家如果奔牛時自己摔倒或被牛撞倒後，千萬記得要躺在地上裝死，不要爬起來，以免刺激牛隻而逼牠用尖銳的角來刺你，只要不慌張，應該會沒事，頂多被其他人或其他牛踐踏，總比被發怒的公牛當場

用角刺死好。

接著，一聲炮響，牛被釋放了。我先是看到一大群人從我面前跑過，緊接著六隻公牛跑過，再來是三隻母牛在趕牛人的催促下跑過，一切發生在幾秒鐘之內。然後所有已經等待良久、像我一樣快被凍僵的人互相大眼瞪小眼，互問：「就這樣嗎？」、「結束了嗎？」，得到肯定的答案後，無奈地摸摸鼻子拍拍屁股鳥獸散。

沒錯，期待中的奔牛活動就這樣在我眼前結束了，要不是前一天晚上已經看過那些牛，我還可能不知道牠們已經奔過我眼前了，一切進行得那麼快，甚至讓有些在欄杆內等著被牛追的人因為站在街邊而錯過了該跑的時機，等牛隻已經奔過了，才恍然大悟地追著牛跑！

我並沒有看到期待中的畫面，觀光客四處竄逃的樣子、落荒的人爬上街邊窗戶躲避牛隻、跌倒的人相互絆倒而成疊羅漢、牛角穿刺人身、鮮血灑街……等殘忍的景象，都只能在明信片中看到，我前後花了十個小時的等待，只換來跟其他人相互疑惑詢問的眼神，我和我旁邊的沙發客大眼瞪小眼，互相問：「就這樣了嗎？」這不是大災難是什麼？

我既疲憊又失望地回到車上跟JM說：「如果明年還要再來參加奔牛節，請逼我下去跑給牛追！」

鬥牛的前一天晚上，人們開始聚集準備看牛隻被趕到小牛圈去等著隔天被鬥死。斜坡上擠滿了穿白衣戴紅領巾的觀看人潮。

即使我前面這位仁兄的屁股沒有擋到我，我也看不清牛隻衝過的樣子，你看到了嗎？就是照片前面模糊的那一片。一切都發生得太快了！

梭佛帖位於法國西南的貝亞恩省，在庇里牛斯山腳，與巴斯克地區為鄰，我前室友的老家在這裡，他舅舅家的沙發讓我度過了三個美好的暑假。

為了參與節慶而旅行，沒有縱慾狂歡般的慶祝，也可以是一種難得的感受。

「什麼？去法國西南參加Bal Pompier？你有沒有搞錯？我們去年說好了，今年要到Marais的消防局度過一個放縱的夜晚的耶！」蕾蒂西雅在電話那頭不能原諒地斥責我（Marais，瑪黑區是巴黎的時髦重鎮，俊男美女很多）。

「親愛的，你聽我說。我不是來西南小鎮參加Bal Pompier，只是剛好在這裡，JM說今晚趕不回巴黎了，所以我只好參加這裡的消防隊之夜。」我很無奈地解釋，心裡也很希望自己人在巴黎。我甚至還因為怕雷蒂西雅因太早認識陌生帥哥而重色輕友、棄我而去，而報名參加巴黎的沙發客族群為消防隊之夜所召集的「瑪黑消防局聚會」呢，這會兒我可是雙重爽約了。

「那我該怎麼辦？我剛剛跟紀庸分手耶！」蕾蒂西雅用有點萬念俱灰的語氣向我宣布她和男友的第一百零一次分手。

我一點也不感到意外。「那正好！你可以跟姊妹淘們去Marais當莎洛普（salope，蕩婦、淫娃），後天醒來記得把今晚多汁的細節都告訴我！」我希望這樣的鼓勵可以讓她因有所期待而暫時忘記與男友分手的傷痛。

蕾蒂西雅並不是唯一對Bal　Pompier充滿期待的女孩，至於原因，我剛好有另一位好友L的實戰經驗可以用來說明。

話說我有一次跟L在一個露天咖啡座喝咖啡聊是非，當我正看到一個帥哥走過的時候，「我跟他上過床。」L馬上改變話題這樣對我說，「去年的消防隊之夜，當晚在他家我們就像森林火災，既狂野又猛烈……」L以下詳述的細節等她將來出版《巴黎寶貝的性愛大冒險》自傳小說時會

告訴你。這是用來說明「Bal Pompier是夏日裡氾濫的性慾之最佳出口」的好例子。

按照慣例，每年的國慶日之前，法國的消防隊都會舉辦舞會，一方面提供大家國慶假期歡樂的氣氛，另一方面也讓消防隊能有些收入作為下個年度的經費，這個活動在鄉下的村莊裡顯得更為重要，因為全法國村莊裡的消防隊員大都是不支薪的義消，而且他們除了救火，還會接到很多奇怪的請求：家裡花園忽然發現虎頭蜂窩、奶奶在浴室摔倒了、爺爺換燈泡的時候從椅子上掉下來、爸爸心臟病發作、妙齡女郎把鑰匙忘在四樓的公寓裡需要雲梯從窗戶爬進去拿……任何你所能想像得到的突發緊急狀況，法國人都會拿起電話撥「18」這個號碼，而這正是消防隊的免費緊急電話，可能因為是免費的，所以大家真的是有點濫用了，彷彿救護車、鎖匠、養蜂人這些需要付費的人不存在似的。我記得我爸還在當消防隊員的時候，有一次為了幫某人家摘花園裡的虎頭蜂窩而被螫，因此住了好幾天醫院。而也正因為這樣，村民跟消防隊員的關係比跟警察、軍人們好，才會熱情參與消防隊之夜的活動，買消防隊員自製的裸體月曆什麼的，算是對他們的付出所做的一種回饋。

巴黎的消防隊之夜總是在國慶日的前一個晚上舉行，這個晚上消防隊都會敞開大門舉辦舞會。巴黎的消防隊員幾乎都是二十五歲以下的帥哥，他們先在巴黎受訓，然後才被派到全國各地去服務，所以巴黎的消防隊舞會總是吸引了大量未婚的女郎，還有想乘機把馬子的未婚男子。我前年

跟幾個女性朋友參加過一次，她們都明白告訴我在這一天晚上暫時改名叫「浪女」，不但不醉不歸，還希望不要獨自回家守空閨！

我剛剛跟好友JM和易馬罕去了西班牙從事峽谷運動，疲憊不堪的我們決定先到JM在法國西南小鎮梭佛帖（Sauveterre）的舅舅家休息後，再慢慢開車回巴黎，沒想到這一天剛好就是國慶日的前一天，我於是必須毀了去年與蕾蒂西雅立下的約定，留在鄉下地方參加Bal Pompier。鄉下的消防隊之夜應該很不一樣，因為少了年輕英俊的消防隊菜鳥和未婚年輕男女。即使如此，我還是對梭佛帖的消防隊之夜滿心期待，畢竟這是小村子裡難得的盛事。我一抵達村子，就可以從到處張貼的宣傳海報得知將有一連串的活動：全天候的美食市場、夜市、餐會、銅管樂隊遊行、樂團表演兼舞會。可見原本死氣沉沉、無事可做的小鎮對這一天的重視。

說是無事可做其實有點侮辱了梭佛帖這個美麗的小鎮，因為它雖然很小（加上周邊的農舍之後），卻也有約一千居民的規模，而且根據我的搜尋，這個小鎮上還有兩個沙發客呢！只不過他們都出去度假了。

除了鎮中心較密集的房舍之外，梭佛帖幾乎家家戶戶都有大花園，花園裡都種有果樹。鎮上的商業活動和主要景點有：一家酒吧兼餐廳兼咖啡廳兼香菸店兼電動玩具店（營業到晚上九點；以老人聚集的程度看來，這裡是鎮上主要的社交中心）、一家藥局、一家電器行、兩間髮廊、一家

Sauveterre是典型的法國西南中古世紀小村莊，有小河Gave d'Oloron流過（在這一區，當地人稱河為「gave」）。

我在Sauveterre的沙發是很典型的法國西南風格，舊木床木桌，床上還鋪了法國鄉下人愛用的床單。

書報攤、兩家麵包店、兩家肉舖、一家兼賣家用五金的保險分店、一間郵局、一家小旅館兼餐廳、一家紅十字會經營的公益二手衣店（今年已經搬到遙遠的村外）、三家銀行、一座建於十二世紀末十三世紀初的聖翁德黑（Saint André）教堂（可以花一百歐元在此舉辦婚禮和葬禮，其中四十歐元歸神父）、一座中古世紀斷橋（這是本鎮最著名的觀光景點），以及一間兼賣明信片與當地土產的遊客中心，和星期六在鎮公所前的一個露天小市集（大約有七個攤位），除了消防隊之夜外，夏天還會選一個週末辦節慶活動，有吃有喝有兒童戲劇表演和鎮民組成的銅管樂隊演奏（成員可能只有三個，老人，一個叭、一個噗、一個鏘），就這樣了！

喜歡逛街購物的人來到這裡可能會悶死。

不過，想完全放鬆的人來這裡待三天，應該會感到滿足。至少這裡有一條可以游泳的河（Gave d'Oloron），有些大膽的村子裡的小孩還會從斷橋上跳水，他們是村子裡的主要人口，其餘的是老人。小孩如果沒有在斷橋跳水的過程中遇到致命的危險，他們將會在十八歲那年搬離小鎮，每年夏天和聖誕節會回來探望父母，或許等到老了會再搬回來養老。那些沒搬走的少數，可能會在二十五歲的時候和同村或隔壁村叫做瑪莉的女孩結婚，在瑪莉的要求下搬到市區居住，而沒搬走的則將在此茹苦含辛地撫養小孩，並終身跟失業危機為伴。

在這樣一個幽靜的小鎮裡，我很自然地感到放鬆，生活變

得很簡單，不外就是看書、發呆和思考一些我從來不會去想到的問題。譬如說我忽然有個疑問：「住在這個小鎮的人平常都做些什麼？」

「等死！」每年歸鄉而順便帶我來度假的JM這樣回答。

我想JM說得有點太誇張了，在梭佛帖除了等死之外，應該還有其他事可以做，至少在Bal Pompier這一天就有不少活動。

七月十三日這一天，我一早就到美食市場去捧場，並且從十個攤子中試吃到一家很棒的（註一），當下買了鵝肝醬和油封鴨腿這兩樣法國西南著名的土產；雖說是在產地購買，其實價錢並不便宜，因為這戶農家堅持使用自然有機生長的玉米餵食在廣大農場自由奔跑的鴨子（我懷疑他是不是還給每隻鴨子取名字，把牠們視為己出），讓我在試吃後覺得這真是人間美味，要我傾家蕩產也願意。

下午我利用了不到一個小時的時間，就把已經熟悉的整個村子逛完了。幸好還有小溪可以游泳，我在清涼的水裡小游一番之後，就躺在溪邊草地上邊看書邊日光浴以消磨時間，等待晚上精采的活動，這時我說服自己：可以享受鄉下的悠閒時光，真是一種幸福呀！

晚上因為我已經答應要煮一頓中國菜，宴請提供我沙發的JM的舅舅，所以略過了消防隊員準備的大餐（菜單是烤牛排、炸薯條、乳酪和蛋糕，消防隊員大概也只能做得出這些了）。我用巴斯克地區特產的綠辣椒炒了一道辣子雞丁，加上整顆下去煮的狂野青花椰菜，JM的舅舅說這肯

每週一次的市集很受村民們的歡迎。想也是，沒趕上就得等下個禮拜！

註一 |
Moulinaou
地址：Andrein 64390 Sauvet-erre-de-Bearn
電話：+05-59389518
因為接受郵購，現在成為我們聖誕節大餐的主要供貨商。

定比消防隊員做的好吃，而我們也把大量的食物全吃光了，囤積了救五場火災的能量。

晚餐後雨也停了，我和同行的易馬罕到鎮公所前的廣場參與慶祝大會，所有的活動都在這裡舉行。我先逛了夜市（十四個攤位），然後跟銅管樂隊（十七個樂手，除了老人還有小孩，其中兩個明顯看起來很不情願）繞村子遊行一周，跟著遊行的小孩都被分給燈籠，兩個燈籠架在竿子上舉著，讓遊行隊伍在晚間的街道上看起來既浪漫又溫馨；隊伍裡有不少在嬰兒車上的小孩和輪椅上的老人及病人，以及小孩的父母。隨著遊行的隊伍，我們繞到一條我從沒經過的街，發現了一家小型超市和一個加油站。幾乎全村的人都參與了這項活動：有的在廣場前的流水席用餐、有的跟著遊行、有的在夜市消費，大約有七八家沒出門的人也都打開窗戶跟遊行的隊伍招手。這樣全村參與的活動在我看來真是可愛極了，讓我想起我小時候高雄縣大寮鄉上寮村每年農曆六月十八日舉辦的廟會。

遊行隊伍繞完整個村子，時間大概用了不到半個小時，重新抵達鎮公所廣場後，臨時搭建的舞台上已經有熱情的歌舞表演了，五人樂團激越地唱著節慶應景歌曲，帶動了不少歡樂的氣氛，例如讓在下面吃飯的人全部拿起餐巾紙在頭頂上甩圈圈，真是有夠在地的表現。舞台與流水席中間有一塊空地，那就是舞會的地點，不少老人在跳舞，更多的輪椅上的人被推到中間放著，也跟著舉起雙手揮擺著同樂。幾個放暑假回家探親的年輕人激情地舞動著、唱和著（以前我還在念大學的時候，奶奶總是會希望我回家參加

到教堂下的河邊游泳、划船、日光浴是村民夏天最主要的休閒活動。

雖然沒有仔細算過（也不知道怎麼算），可是我想小村莊裡羊的數目應該比人多。

村子裡的廟會，到現在我娘每年都還會希望我能回去共襄盛舉），席間大家也都似乎彼此認識而愉快地交談，全場氣氛歡樂無比，讓我忽然領悟到梭佛帖還真是個有一千個居民的村子呢！

我的消防隊之夜就在溫馨的氣氛下度過了，所有活動在午夜前就結束了，我進入夢鄉的時候，蕾蒂西雅可能還在排隊等著進入瑪黑區的消防局狂歡呢！

夕陽西下，期待中的消防隊之夜就要開始——巴黎的活動大概要等到晚上十一點後才有人，鄉下的人早早就開始慶祝了！

回到巴黎後，我試著撥蕾蒂西雅的手機號碼，果然處於關機狀態。直到第二天她才跟我聯絡。

「我不能講太大聲，紀庸還在睡覺。」電話那頭蕾蒂西雅的聲音雖小卻充滿了喜悅。

「所以妳又遇到了另一個也叫紀庸的猛男囉？」我心想還真巧，她剛剛跟紀庸分手就又釣到一個同名的人。

「不是別人，就是你認識的紀庸‧卡霍，他也去了Marais的消防隊之夜，我們還是覺得對方最有吸引力，他說我的牙刷還在他家，要不要跟他回家睡覺，我答應了，他前天晚上好激烈、好……」如果蕾蒂西雅以後寫一本叫《像森林火災一樣猛烈的性愛》的書，你將有機會讀到她和男友復合之作的細節。

小村莊的消防隊之夜由提燈籠遊行揭開序幕，真是可愛。

「那你的Bal Pompier如何？有認識什麼人嗎？」她問。

「我認識了一個法國西南的小鎮。」雖然說得好像很無奈，但是心裡卻是滿足的，能在法國西南鄉下和村民歡度國慶可不是人人都有的機會啊！

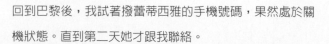

1

2

1｜這座中古世紀斷橋從前是進入貝亞恩
（Béarn）國的四座橋樑之一，傳說中
還曾經被用來證明一個人的清白（寒冬
裡把手腳綁起來從橋上丟下去，那人竟
然還活著），現在是孩子非法跳水的地
方。

2｜小村莊裡唯一的一家咖啡廳，在聖翁
德黑教堂後面、村公所旁，村裡的主要
社交活動都在附近進行。

即使沒有沙灘，布萊頓這個英國最受歡迎的海邊城市卻以它的藝術氣息吸引了更多的年輕人，
每年夏天為期一個月的藝術節更是造訪該城的最佳時機。

重遊布萊頓 Brighton

到某個國家當義工，也是個很好的「旅行」方式，不但看到了更深入的當地生活，還因為行善而快樂。

我的法國朋友們都不太能理解我去旅行需要「簽證」這件事。

「你不是已經有護照了嗎？」對他們而言，護照已經是旅行的通行證。

即使那些很有旅行經驗，去過很多國家而曾經因為少數特殊國家的要求辦過簽證的人，也很難理解我申請觀光簽證的繁雜過程，他們即使去需要簽證的國家旅行，通常也只要付錢就好。當我告訴他們我申請英國簽證必須附上銀行存款證明、住宿證明或正式邀請函、學習或工作等證明我不會滯留在旅行國的文件……的時候，他們都大感意外，以為英國政府在為公主選女婿！

布萊頓藝術節內容豐富，白天、晚上、室內、室外，各種形式的表演和展覽都有，圖中是我的沙發主人克里斯（左）和他的樂團「叢林之花」的演出。

正因為英國簽證的申請麻煩（最主要是我的銀行裡從來沒有足夠的錢），這個我去過三次、深深喜愛、朋友很多、離我只要兩個多小時車程的國家，在我搬到巴黎居住之後都還沒去拜訪，一直到它對台灣人開放免簽證入境之後，才又舊地重遊。

英國是我第一個自助旅行的國家，我因此對它有著特別的感情，倫敦的雙層巴士、紅色電話亭、騎馬的警察、白金漢宮的衛兵……巴斯的古羅馬澡堂、愛丁堡的城堡、葛拉斯哥的酒吧、不穿內褲的男蘇格蘭裙、約克郡的乾草堆、坎特伯里大教堂、劍橋和牛津的學子……這些都是常常會讓我魂縈夢牽的景象。

這次到英國除了重溫舊夢之外，最主要的行程是布萊頓藝

到靠海的布萊頓吃海產是天經地義的事，而且這裡的餐廳比起倫敦要便宜很多。

術節（Brighton Festival）。

第一次到位於英國南部海邊的布萊頓（Brighton）已經是十三年前的事了，那是我第一次到歐洲，帶上了所有夏日清涼衣物的我被七月中十五度不到的低溫凍到瘦了三公斤；到布萊頓的那一天還下大雨，我記得我們只參觀了造型怪異的皇家行宮（Royal Pavillon），朋友提議到海邊散步的建議讓我以「乾脆直接殺了我比較快」回絕，我要他們馬上把我載回倫敦的中國城吃烤鴨、叉燒、油雞三寶飯，別再餵我什麼黑豆白豆了，我甚至還想馬上回台灣！

決定重遊布萊頓其實跟我的鄰居有關。我因為常常做飯請鄰居吃（其實貪圖的是她提供的好酒），而跟我的鄰居感情很好，她弟弟克里斯來巴黎拜訪的時候還是我這個不用上班的人當地陪，「我家裡有張全世界最大的沙發，你要不要來睡？」克里斯搬到布萊頓之後對我提出了這樣的邀請。你終於知道睦鄰的好處了吧！

克里斯告訴我布萊頓是英國年輕人的天堂，很多年輕人的活動隨時在進行，他就認識了一群志同道合的朋友，組了一個叫做「叢林之花」（Jungle Flower）的樂團，偶爾到酒吧或俱樂部表演；這裡每年的夏日藝術節也吸引了很多人潮，節目豐富，光是免費的街頭表演就讓人看不完。夜夜笙歌、索求無度的人永遠不愁找不到樂子；喜歡悠閒地在海邊度假的人也有很多地方可以找到寧靜。

布萊頓最著名的景點皇家行宮，有著近似印度建築的外觀和不中不西的內部，怪異特殊，令人難以決定喜好卻絕對印象深刻。

礫灘的好處是可以直接躺在上面而不弄髒衣服，臨時起意來日光浴之後又可以立刻回去上班。沿著海岸還有
不少為大人和小孩設計的遊樂設施，不上班的人可以消磨一整天。

在布萊頓，個性商店、風格獨具的咖啡廳和茶沙龍很多，美食餐廳林立而且價格比倫敦便宜；這樣的組合這還真引起了我的興趣。加上我從前一直對英國人的既有印象是優雅的紳士或龐克，許多年過去後，我很想知道時下的英國年輕人到海邊城市不斷開派對，以及當年紳士退休後的生活是什麼樣的光景。而且克里斯跟我保證他家的沙發睡起來很舒服。

「趕快帶我去看看全世界最大的沙發長什麼樣子！」我跟到火車站接我的克里斯這麼說。去他家的途中反而被精彩的街頭塗鴉所吸引。

布萊頓的街頭塗鴉算是我見過最厲害的，讓我覺得好像是警察不但不驅逐還反而把街道圍起來讓藝術家在裡面工作了一個月的傑作到處可見。對於我這樣一直以來關注於各地塗鴉藝術的愛好者而言，整個布萊頓簡直就是一個塗鴉美術館。

塗鴉到底算不算是一種藝術呢？這個問題的答案見仁見智，當然也得看塗鴉的人是誰、畫的是什麼，以及是否畫在你家牆上或車上！我一直喜歡街頭塗鴉藝術，好的塗鴉會為城市帶來另一種風景，常常在街頭的轉角給人意想不到的驚喜。而我很喜歡的塗鴉藝術家Banksy就是從布萊頓發蹟的，我最中意的是他畫的兩個接吻的警察，這個作品如今在布萊頓已被圍上玻璃保護。除了他的作品之外，還有其他藝術家的傑作散布在布萊頓的各個角落，讓這個城市充滿了年輕的活力，有些人甚至付費請塗鴉藝術家來

布萊頓街頭的塗鴉藝術真的很厲害，讓我希望那些藝術家也能來我家隨便亂畫。

藝術節的免費戶外節目很多，街頭、廣場、公園的表演和樂隊遊行等，為整個城市帶來滿盈的歡樂氣氛。

為他家的牆塗鴉！

終於到了克里斯家，先遇到了他的室友湯姆和茉兒，這對金童玉女光看外表就讓人喜愛，促膝長談之後更是想跟他們結拜。茉兒是彼拉提斯的老師，平常也練瑜伽，追求身心靈都健康的生活，不但身材姣好，臉上也泛著紅光、洋溢著渲染人的喜悅。湯姆是個木匠，卻更像個藝術家，因為喜歡接觸不同文化而跟我一樣愛旅行，他告訴我三個月後即將到非洲旅行，讓我羨慕不已；更令人敬佩的是他去非洲旅行的方式。

湯姆告訴我，他知道非洲有很多非營利性組織在那裡幫助窮人，他們需要很多的義工，其中一個專門蓋房子給窮人住的公益團體剛好需要木匠，他於是決定去幫忙；他們提供來回機票和食宿，三個月後他會自己多停留一個月，在非洲到處走走。我覺得這個二十六歲的年輕人想法真是可取。他讓我想到我曾接待過的兩個沙發客，德國的克莉絲汀和匈牙利的艾莎都準備去當Emmaüs（註一）的義工，幫助窮人、順便練習她們的法文；更讓我憶起了多年前我未完成的一個心願：那年我瞞著父母去參加國際合作發展基金會（註二）的義工甄選，要去非洲的布吉納法索幫助那裡的貧困孩童，卻在必須告訴父母「我要去非洲『度假』兩年」那天看到他們千眈萬憂的面容之後，打消了那個積存心中已久的念頭，那是我還聽信「父母在，不遠遊」的年紀，能夠理解雙親對於我要去所謂「黑暗大陸」的擔心，現在那念頭又被湯姆所燃起，可惜我已經幾乎「垂垂老矣」！

註一｜
一個由法國神父Pierre於1949發起，1953年成立的公益組織，以對抗貧窮、幫助窮人為目的。
www.emmaus.asso.fr/

註二｜
www.icdf.org.tw/

1

2

3

4

5

6

1｜「兩個接吻的警察」是Banksy出名的傑作，現在已經被用玻璃保護起來。

2｜不要問我作者是誰，塗鴉藝術家通常都很神祕──因為怕被逮捕！

3｜據說這是屋主看到塗鴉藝術家在作畫，花錢請他繼續完成的作品。

4｜街頭塗鴉已經不再只是青少年用麥克筆、噴漆在牆上和巴士上寫下自己的名字，用以發洩被壓抑的不滿情緒和希望被看到與被重視的心聲，它發展至今不論在形式、媒材的使用、表現的主題上都已更多樣化。

5｜海灘上還有供人休憩的躺椅，光是看著它們，心情都要放鬆起來。

6｜我住的那一區，櫛比鱗次的房子給人一種井然有序的美感。

海邊堤防上的人行步道，有人大開
Tate Modern美術館的高級玩笑，
這種隨處可得的聰明藝術氣息，是
我喜歡布萊頓的原因。

湯姆安慰我，當義工幫助人沒有年齡限制，只要有心任何
時間都可以。雖然我的專長好像很難被公益團體所需要，
我還是當下做了一個決定：我要勤於尋找，看有沒有什麼
公益團體需要唱唱跳跳耍寶的義工，或許我可以毛遂自
薦，告訴他們窮人生活困苦，應該會需要慰安夫去安撫他
們的心靈吧！

我希望有更多的年輕人選擇這樣的旅行方式，那些以「沒
錢」為藉口而不敢走出去看世界的人這下無話可說了，當
交通和食宿都不用自己花錢的情況下，你需要的只是時
間，而年輕人有的是時間，不是嗎？

我當晚果真睡在一張大沙發上，認真考慮要去非洲利用戲
劇藝術治療的方式，讓愛滋病患走出憂傷。

第二天是個陽光普照的大好天氣，五月中的溫度比我記憶
中的七月還要宜人。我去逛了很多慈善團體經營的二手衣
物商店，這種慈善商店在布萊頓有很多，大概因為來這裡
度假的人身心獲得滿足後都不想把身外之物帶走，而且可
以在商店義務工作的退休老人很多吧！他們把別人捐贈的
衣物販賣後去幫助世上貧困的人，在還沒去當義工前，我
決定先以shopping來幫助窮人，不但買了一些舊衣物，
回家放東西前經過附近的教堂還買了修女自製的果醬，她
們的所得也是為了要幫助窮人吧，這麼一想我就再多買兩
罐，十字架上的耶穌好像在對我說：「夠了，你已經日行
八善了！」

註三｜

Jamie's Italian

地址：11 Black Lion St.

　　　Brighton, BN11, UK

電話：+44-1273915480

網站：www.jamieoliver.com

附註｜
更多當義工度假旅行的網站：

www.the7interchange.com/

www.voluntourism.org/

www.workaway.info/

www.wwoof.org/

我終於吃到了裸體廚師（別想太多，這只是他出的食譜書名）Jamie Oliver的義大利菜，而且價錢不貴，即使請我的沙發主人飽食一頓也不會讓我心疼。

接著我參與了很多露天表演的布萊頓藝術節活動，其中一個三人團體的演出深得我心，我很想問他們要不要跟我一起去非洲義演！

然後走到海灘。布萊頓的海灘是礫灘，躺在上面不用擔心會弄得滿身是沙，果真有不少人中午休息時間走來、服裝整齊地躺下曬太陽，然後站起來直接去上班，連拍拍屁股抖沙的動作都可以免了，雖然躺在小石子堆裡沒有沙灘舒服，但是對於臨時起意的人還挺方便的。

中午我和克里斯去了Jamie's Italian餐廳（註三）吃飯。Jamie Oliver是英國有名的大廚，他曾經出過很多本食譜，去他的餐廳用餐，是我一直夢寐以求的奢侈想望。其實Jamie's Italian並沒有想像中的貴，甚至可以被我列為「便宜」的等級，他用的都是義大利的好食材，料理雖然比不上米其林星級餐廳精緻，卻是美味可口，值得細細品味，整個餐廳的氣氛也很隨性休閒，沒高級餐廳的過度優雅與正式所給人的壓力，有著更平易近人的魅力，正適合我在布萊頓的悠閒心情。

離開布萊頓之前，湯姆說他已經加入了沙發客的行列，因為他覺得這個主意很酷，而且他家的沙發很大，「睡起來很舒服。」我加上這一句。

我跟克里斯建議一起去非洲當義工，他的「叢林之花」負責唱、我負責跳，他竟然答應了。

可是我們必須先找到需要有人唱唱跳跳的公益團體！

這些遠渡重洋來幫英國人打仗、卻因流行性感冒而病死他鄉、葬身在法國的中國人，境遇真令人感到唏噓。

旅行讓我們學習到以歷史為鑑，為期待中更美好的世界貢獻己力，避免歷史悲劇重演。

鞠躬盡瘁

FAITHFUL unto DEATH

說實在的，我對第一次世界大戰沒什麼感情，那是太久遠以前的事情了，反正我就是不喜歡戰爭！

法國每年的十一月十一日這天是國定假日，為的就是紀念在一九一八年的這一天早上五點十五分簽訂的第一次世界大戰結束協定，這倒是提醒了跟著高興放假的我，世界上很多我們看不到的地方，還存有戰爭。不過這樣的反戰情緒並沒有影響我的度假心情；我決定買大送小，帶上我妹和學成即將歸國的朋友迪，到前室友JM位於巴黎北部皮卡迪區鄉下的家度過一個悠閒的長週末。

「除了我之外，你將會多兩個沙發客喔！」JM一直聽我說我的沙發客旅遊經驗，覺得這個旅遊方式很酷，我這會兒就要讓他親身體驗當沙發主人的樂趣。我很高興JM接受了我們的自我邀請。

我們在皮卡迪的「沙發」。主人提議如果不去參觀紀念第一次世界大戰結束的歷史遺跡，可以幫忙整理花園，我們一聽，馬上跳上車要他趕快出發。

我原本以為深秋在鄉下的日子不外就是參觀附近的小鎮，做些美味的料理進行燭光晚餐，然後泡澡睡覺。沒想到JM竟然建議我們該在紀念一次世界大戰結束的這一天，做一些緬懷先烈的事。

「如果不去第一次世界大戰紀念博物館，我們有其他事可以做嗎？」我知道同行的小妹和迪都有著「干我何事」的不願，即使我有點想去複習一下一次世界大戰的歷史，不過還是這麼問問看，搞不好在鄉下還真會有其他更吸引人的事可以做。

「我們可以整理花園，把枯葉掃了，還可以跟松鼠搶核桃吃。然後打電話看村子裡唯一那家咖啡廳兼酒吧要不要開

如今，美麗的索姆河流域已經無法看出九十年前戰爭的慘烈，到第一次世界大戰歷史博物館參觀，才讓我可以更具體地加以想像。

於第一次世界大戰中受到嚴重摧毀的貝宏城堡（Château de Péronne），如今被改建成第一次世界大戰博物館。

註一｜
Historial de la Grande Guerre
地址：Château de Péronne
Place André Audinot 80201
Péronne
網址：www.historial.org/

門讓我們進去坐坐。」JM提出了另一個可能性。

十分鐘之後，我們已經坐在開往第一次世界大戰紀念博物館（註一）的車上，除了司機JM先生之外，其他人都睡著了。

我在車上醒來的時候，看到一片美麗如詩如畫的風景，九十年之後，除了一路上偶爾出現的排列整齊的殉難將士墓園，美麗的索姆（Somme）河流域已經看不到世界大戰的痕跡了。對於喜歡鄉下風光的人而言，皮卡迪區雖然沒有著名的觀光勝地，卻有一種含蓄之美，值得細細欣賞。「我們離『諾曼地登陸』的歷史性地點很近嗎？」我這樣問。

「你把兩次世界大戰搞混了！」JM這樣說，讓我頓時無地自容，覺得來第一次世界大戰歷史博物館複習歷史是對的選擇，至少比跟松鼠搶核桃重要一些。

我們在一座城堡前停車，城堡除了入口門面之外，已經全被炸毀，走近一看是新蓋的博物館，建築本身就是個傑作。

展覽內容是以一次世界大戰時期的民生、軍事用品和媒體檔案資料來幫助現代人了解當時的情況，很多小孩子來參觀，可能是被父母「逼」的！不過館方很貼心地為小朋友設計了遊戲問卷，小朋友可以藉由回答有趣的問題和素描來了解這個戰爭，這是一種變相的考試，不過我想這麼做之後，小朋友對這項歷史的記憶應該會比較深刻，不會像

我一樣，把第一次世界大戰的皮卡迪戰場聯想到第二次世界大戰的諾曼地登陸（雖然兩地就在隔壁）。

雖然不是百分之百情願來的，進入展場之後，我卻被展覽吸引了，就像其他小朋友一樣。

我看到很多當時專門為戰爭所設計的鍋碗瓢盆，覺得很有趣，還有很多鼓勵男人從軍的海報讓我想笑，「Women say,'GO'！」（女人們說『去吧』！）圖片中是兩個紅唇撩人的女性，真不知在這樣的誘惑之下，男人還會想離開她們去打仗嗎？

還看到一次世界大戰地圖。我的記憶裡：「一次世界大戰導火線——斐迪南公爵在薩拉耶佛被刺殺。」（雖然我當時忘了第二次的導火線是什麼）。大戰在法國的主要戰場之一是阿爾薩斯、洛林地區，這我也還記得。而看著圖我還學到了新知識：另一個戰場，也就是我們所在的索姆河流域，這裡主要是英軍的反擊地（一塊英國一直想得到的土地，用了很多中國軍人來打仗），大戰一打四年，死傷無數；後來因為美軍加入、德國境內有爆發革命的趨勢，大戰才宣告結束。隨著大戰地圖上的戰爭之旅結束，我的歷史課也上完了。

另一間展覽室推出了知名的德國表現主義畫家Otto Dix的版畫特展，這位曾參與過戰爭，而一直以戰爭噩夢為主題的藝術家，真正喚醒了大家對戰爭的恐懼，看了那些版畫的人，應該都會衷心希望這樣的事再也不要發生了！

堅持品味的法國人連打仗都要穿個鮮紅，死了很多士兵之後才領悟到原來紅色在曠野裡很容易被發現，成為標靶！

博物館外的一棵樹上被小朋友結滿了布條，我誤認是向陣亡戰士無名英雄致敬，結果只是某某某到此一遊！

然後是我最喜歡的軍隊制服展。

看到那時候軍人的裝扮都覺得他們很厲害，背那麼多東西在身上一定很重，竟然還走得動並且打仗！

其中蘇格蘭軍隊的制服最讓我欣賞，他們真的還穿裙子，裙子旁邊放的是馬鞍。我記得蘇格蘭男人穿裙子但不穿內褲，那樣騎馬不是很辛苦嗎？

不過最好笑的還是大戰早期法國軍隊的制服，他們還是堅持風格，要把法國的藍色和紅色穿在身上，那條紅色的褲子真顯眼，我一進到展覽室，眼光就被吸引了過去，而當時據說法國人可是花了好久的時間，才了解為什麼在荒郊野外打仗的時候總是法國軍隊死傷最多，這麼明顯的紅色槍靶子，連牛都會遠遠地看到而鬥過去吧！

然後是大戰的新聞報導區，那時候的戰爭頭條新聞比起現在的政客貪污事件標題要含蓄得多。

最後一間展覽室是大戰結束後的景象。沒有血淋淋的戰場畫面，我們看到的是那些倖存的可愛年輕人不是斷手就是斷腳，卻還穿著義肢快樂工作的模樣，這比看到戰場上的炮火照片還讓人心疼。

我離開博物館，去教堂裡點上蠟燭，祈求世界和平。

這是一個設計得很成功的展覽，沒有以過度殘忍的畫面來控訴戰爭，卻讓我們實在了解甚至幾乎體會戰爭的可怕。

「為什麼要有戰爭呢？」一個小朋友問。

「因為人類永遠不滿足。」他媽媽這樣回答，我真想當場鼓掌。

走出展覽館，我們看到夕陽從雲層中投射出美麗的晚霞，把湖映照成一幅美麗的油畫，湖中小島有一棵柳樹隨風搖曳，JM家院子裡的松鼠大概因為沒有人跟他們搶，正在快樂地啃咬著核桃。

展覽館外的院子裡有一棵樹上掛滿了白布條，我以為法國人也有在樹上綁布許願的習俗，也想去許個不要再有戰爭的願望。走近一看，白布緞帶上只是一些人名，看筆跡應該是小朋友寫上的，有「某某人到此一遊」的意味，真是無趣！

我們在諾曼地的海邊野餐，後面就是將近一千年前威廉國王出海征服英國成為英王的港口Dives-sur-Mer。

即使我們回程中又在車子裡昏睡（尤其是迪，他是出了名的一上車就睡，有一次去山裡遊覽，在車上昏睡的他跟著車子在崎嶇的山路轉來轉去，到達目的地之後，才發現自己已經被撞得腫了滿頭包），我們還是覺得這趟具有意義的知性之旅有出乎意料的收穫，並且同意JM的建議，乘勝追擊，隔天要再去參觀另一個一次世界大戰紀念墓園！

抵達墓園的時候，從睡夢中醒來的三個東方乘客都覺得恍如隔世，因為墓園的入口是個中式的門，門上還有中文對聯。原來裡面埋的是來為英軍打仗的中國人，更令人感到唏噓的是他們的死因，不是戰死沙場，而是第一次世界大戰後忽然流行的「西班牙感冒」！
墓園有英式花園修剪整齊的綠草坪，墓碑整齊排列著，上面標示著戰士的名字和他們的來處，這些飄洋過海、戰勝

勿忘目前世界上還有很多我們看不到的地方存在著戰爭，若能為世界和平盡己力，我們當勇往直前。

後以為可以衣錦還鄉的年輕戰士，就這樣因為感冒而在異國他鄉長眠，我們三個中國人看了都有種時空錯亂、惋惜不已的感受。

這趟旅行中當然又是少不了美食醇酒，我們也去威廉國王（William I）出海去征服英國的港口，並在海邊的寒風中野餐，去隔壁的諾曼地看斷崖，找個魚市場買海鮮，還參觀了著名的亞眠（Amiens）大教堂，不過這些反而沒有緬懷第一次世界大戰的行程讓我印象深刻。

旅行的時候，我總是會受到大自然鬼斧神工或人類文明結晶的吸引，想要看看世界奇景或文化古蹟，常常在自然或人為的傑作面前驚嘆。我很少想到戰爭對我們所處的世界的威脅，所有的文明傑作都有可能因為戰爭而被毀滅，甚至對自然造成浩劫。這次旅行中的意外行程，讓我藉由對歷史事件的更深入了解而重新提醒我世界和平的重要。我甚至一直在想：自己應該如何為世界和平貢獻心力？我想沙發客是個好方法，如果各種不同的文化能互相了解、陌生人能互相幫助，世界應該會更美好。我總是強調「世界和平」是沙發客的終極精神，這麼說一點也不誇張，我期待你也能和所有沙發客一樣，加入約翰‧藍儂對世界和平唱出的想望。

「希望你也能加入追求和平的夢想，讓我們的世界合而為一！」

印象最深刻的一次旅行＿＿＿＿＿＿＿＿3.Saint Jacques Compostelle 朝聖之路＿＿＿＿＿＿＿＿

法國北部沿岸景觀豐富，很多令人驚艷的美景，讓人看了照片之後想要親臨探訪。

不帶地圖就上路 Mont Saint Michel

有時候旅行的動力只是來自於一張明信片——
那美麗的畫面和我們腦力運作所加以的無限想像。

旅行的理由有很多種，我常常是受到一張照片或明信片的吸引，就決定要去那個地方旅行。沒想到也有人跟我一樣。

丹尼和凱文大概是我到目前為止遇過的最誇張的汽車旅行者，而我竟然跟他們去法國西部旅行了兩天。那是我剛剛搬到法國的第一個月。時序是二○○三年一月寒冷的歐洲冬天。

我是經由一個新加坡網站認識凱文的，實際上說來，他們算是我搬到巴黎之後接待的第一個沙發客，那時候沙發客網站都還沒成立呢！一個月前才從新加坡搬到德國工作的他主動寄訊息給我，說他們將要開車去聖米歇爾山（Mont Saint Michel），會先到巴黎稍作停留，希望能跟我碰個面做朋友，並期待我能提供一些巴黎和法國的旅遊資訊；其實這也是我自己常常做的事，我的旅行也都是靠著這樣的毛遂自薦後，在陌生人的恩惠協助下而得以完成，所以我當然是樂意提供我所能給予的幫助，就當是把我所受的恩惠再向三千大千世界散播出去。

當我知道他們正為了在網路上完全找不到一百歐元以下的旅館而苦惱時，向他們提議了一個交換條件，讓他們在我家住兩晚，代價是帶我一起去聖米歇爾山玩。當然這是很不「沙發客」的作法，沙發客提供免費住處是一種慈悲心，不應該要求客人給予或付出，以後想來我家當沙發客的人別擔心，我現在絕對不會這麼做了；不過當時這樣的提議被他們視為是一種「賺到了」的交易，因為他們的車子反正還有空位，所以很快就同意了，而我於是有了這樣

從巴黎開車到聖米歇爾山，途經很多明媚的風光。鄉下的景致，讓久居都市的我感到放鬆。

這是我們迷路所經的諾曼地海邊，
建築與巴黎的都會風格很不一樣，
別有風情。

一次難得的旅遊經驗。

丹尼和凱文比約定的時間提早一個小時到達巴黎，這讓我認為他們應該很熟識法國的路況，對於跟他們一起開車遊西北法也比較安心了。

就像我會為我的沙發客所做的，我準備了豐盛的早餐，為我們的法西之旅儲備好足夠的體力。

出發前凱文的一個問題讓我嚇得比昨晚瘦了一公斤，他問我該怎麼去諾曼地！

真是我的天啊！我以為他們做好了十足的旅遊計畫，我可以完全信任地跟著他們走，沒想到這兩個天兵，竟然只知道自己要去明信片上的Mont Saint Michel，其他一概不知，連從哪裡去都不知道，旅館也沒訂，而且，「他們竟然沒有地圖」！

怎麼可以開車旅行不帶地圖？他們難道期待聖米歇爾會顯靈來指引道路嗎？

他們說總是可以用問的，路長在嘴上可以問出來！然而他們忘了，他們會說的法文只有「oui」（是）。他們以為就像在歐洲各處都可以看到往巴黎的指標一樣，我們只要上路，就可以被路上的告示牌指引到聖米歇爾山。你覺得開上台北的高速公路就可以被指引到大寮的包公廟嗎？

我真是太驚訝了，卻也只能硬著頭皮當起嚮導來。幸好昨晚睡前臨時從Lonely Planet書上惡補了法國西部的介紹，指引開車的丹尼出了巴黎城，並且開上付費高速公路往諾曼地的首府卡昂（Caen）開去，按照我的簡易法國地圖，我們應該要先經過這裡才能到聖米歇爾山。

在車上我得以見到不同於美麗花都巴黎的景致，經過了有著現代化公寓建築的巴黎衛星城鎮和工業煙囪，一路上樹木因冬枯而無法分辨它們是誰，卻偶有幾株山櫻在新葉抽芽前已然綻放了全株美麗的粉紅花朵，還有不知名的全株開滿白花的樹（難道是堅忍不拔、越冷它越開花的梅？）。經過了聖女貞德被燒死的城市盧昂（Rouen），我們不久就來到了卡昂。

可是我們並不是要到卡昂，曾經看到過一次的Mt. St. Michel指標，在我們經過並循著它指示的方向行進之後就再也沒有出現第二個，我們經過了卡昂繼續往前走，到了因「諾曼地登陸」而知名的城市拜約（Bayeux），那也不是我們計畫要去的地方，我對戰爭完全沒興趣。我覺得再這樣毫無方向感地開下去也不是辦法，只好開始問路。

於是我遇到了第一個善良、親切、樸拙得可愛、樂於助人的諾曼地人（巴黎人常常看不起來自其他省的人，尤其是法國西部的人，對他們而言那是一個化外之地）。

男人在路邊洗車，看起來對附近的路況和方向一定比他老婆熟，應該可以為我指點迷津。

「先生，聖米歇爾山怎麼走？」我的《四十五天學會說法文》這本偷懶的書裡剛好有教過這一句，可見聖米歇爾山還真是個著名的地方呢！（我那時剛到法國不到一個月，會說的法文只限於會問人家願不願意跟我睡覺，「Voulez vous coucher avec moi ce soir？」之類無法對鄉下壯漢旁邊的他老婆說出的句子。）

聖米歇爾山附近的羊因為吃富有海鹽的草，以肉質本身就有鹹味出名。

布列塔尼因為靠海，可以在這裡找到很多海產，左邊最靠近我們的是美味的聖賈克扇貝。

「Mont Saint Michel？………………」他先是吃驚地看著我，然後對我講了很多話，我想我的表情在他一長串的西部怪腔怪調的法文轟炸下變得越來越難看，不過我從他的肢體語言分辨出他大概是說我們走錯路了，廢話。之後一長串的法文讓迷路的我差點在他面前昏厥過去。他於是請我進門。

他的老婆和女兒也都跟過來了，個個面露和善的微笑，想盡辦法非幫我不可。他們找來了地圖，我們之間的對話因為有了地圖的幫助而變得有點交集，看起來只有六歲大的女兒也湊過來幫忙，更小的女兒始終露出在動物園裡才會有的眼神，我應該是她這輩子（她大概四歲）唯一踏入她家門的東方人；男人用他顯然經常勞動的粗壯大手畫了簡單的圖示，並問女兒下一個我們應該去的城鎮的名字怎麼寫，我才驚覺他可能是個文盲，難怪他看地圖是看地理位置而不是看文字標示，要問老婆才能確定他所指給我看的是不是就是他口裡說的那個城市，而在一旁為我著急的女人才終於有插嘴的餘地。好心的男人還大方地要我把地圖帶走，我想到連丹尼和凱文都捨不得買一張地圖了，我怎麼忍心把一個物資缺乏的鄉下漢子的地圖拿走呢？結果證明了那是一個錯誤的決定。

依循著善心人士的指示，丹尼錯過了我們該去的方向，回到了卡昂，幸好曾經出現的Mt. St. Michel指標又出現了，即使走了很多冤枉路，經過了更多有著怪名字的城鎮後，我們還是終於到達了聖米歇爾山。

退潮的時候，聖米歇爾山與陸地相連，漲潮時路被水淹沒，就像一座漂浮在海上的超現實之城。

聖米歇爾山

西元七〇八年，一群宗教狂熱者決定在現今位於諾曼地和布列塔尼之間的聖米歇爾山建造一座巨大的教堂。如今它是除了梵蒂岡和耶路撒冷之外最重要的天主教聖地，這座被十九世紀法國大文豪雨果稱為「海上金字塔」的聖米歇爾山聳立於法國北部諾曼地及布列塔尼之間的沙地上。山的面積很小，直徑只有一公里。潮漲的時候它像個孤島，冷漠高傲而深不可測；潮退的時候與陸地相連而變得平易近人，但走近那高聳入雲的教堂仍有種讓人窒息的感覺。千百年來它就這樣游走於「陸地」和「海島」兩種身分之間，不但吸引了大量的朝聖者，也吸引了無數觀光客，UNESCO於一九七九年把它列為世界文化遺產。除了大教堂之外，聖米歇爾山一帶還有世界上最壯觀的大潮，被稱為「世界第八大奇跡」，可惜這是我後來才讀到的資訊，不然應該安排一個最佳時機來觀潮（通常是陰曆望月和朔月後的三十六至四十八小時）。

我們在低潮的時候得以把車開到這座岩島的山下，步行上山去瞻仰雄偉的教堂。六個小時之後，當高潮來臨，我們停車的地方將被海水淹沒，整個島嶼便與內陸隔絕，必須要等到下一個低潮才能再與內陸交通。我想要在這樣一個孤絕的島上建造一座如此驚人的教堂，必定得花上幾百年的狂熱才行，也難怪那麼多人不遠千里來這裡驚嘆它的存在。刺骨的海風吹得我難以伸出手來拍照；據說夏天的時候，這個小島上總是擠滿了觀光客，即使在寒冷的冬天，

聖米歇爾山最有名的一家餐廳普辣媽媽，可以從街上看到廚房裡有穿著紅袍的廚師不停地打蛋，還有廚師直接在火上烤蛋餅。

這就是名聞遐邇的普辣媽媽蛋餅，入口即化。

在孔卡爾的海邊看生蠔被切斷韌帶打開，被滴上檸檬汁之後肌肉還緊縮了一下，然後把它送入嘴裡，饕客們吃得津津有味，因味道鮮美而忘了這其實有點殘忍。

註一｜
www.mere-poulard.fr/

這裡還是有不少遊客。

想要在短時間內去很多地方的丹尼和凱文不想花錢進去看教堂，我們只好在小島上非教堂的範圍（那就更小了）逛了一下，遇見幾個身穿全白教袍的神職人員，我深深懷疑他們都在這裡做些什麼，並且想到了安柏托·艾可（Umberto Eco）的《玫瑰的名字》（Il Nome Della Rosa）；還不知不覺地闖入了無人小徑，開始幻想著神祕的教堂謀殺，並同時看到有刺的荊棘叢，大概是在漲潮後便無路可出的孤島上，想入非非的修士們用來鞭笞自己用的，給人SM的遐想。幾乎必須側身穿過一條美國胖子一定無法通過的防火巷後，回到主要大街（大概三米寬）的我們沒吃這裡出名的普辣媽媽（La Mère Poulard）餐廳（註一）的蛋餅，只喝了熱咖啡，向遊客中心要了附近旅遊景點的資訊，買了一張明信片之後就離開了。回頭再望了聖米歇爾山一眼，迷霧中的聖米歇爾修道院看起來像夢中的城堡，我將永遠記得這個美得令人震懾、感動的畫面，也了解到為何這個畫面會讓在德國看到照片的丹尼和凱文決定千里迢迢來親訪，我也才有了這一趟旅程。可是他們花了大把精神來了，竟然會為了不想花不到十歐元的參觀費用進去一睹究竟，這讓我感到不解。卻也讓我發願一定要再來一次聖米歇爾山。

我們離開後決定沿著海岸線走，靠著我的鼻子找路，經過了很多中世紀的小村落，數度誤入歧途而到了路的盡頭的海鷗飛處，我們最後來到以生蠔聞名的小鎮孔卡爾（Cancale），嗜吃生蠔的我決定晚上就在此住下來了，

不料因為冬天淡季的關係，很多旅店都關門，唯一營業的一家客滿了，另一間比較像樣的飯店又讓應該付錢的新加坡人嫌太貴，我只好建議他們去下一個村莊找民宿（在法國稱為chambres d'hotes）。憑著我的直覺，我們在波爾孔（Porcon）海灘附近找到了一家有船有壁爐和兩隻大黑狗的民宿——還有什麼比這個更像溫暖的家呢？叫做Le Petit Porcon（註二）的這家民宿，男主人Leon剛好不在家，可能外出捕魚或砍柴什麼的勞動去了（夏天時Leon也會帶客人出海），女主人Edith很和善地招呼我們，儘管一句英文也不會說，還是用非常慢的語調和簡單的字以及所有媽媽都會有的細心，讓我懂得了一切。這裡只有三個房間單位，每間都以船長名字命名，我們選擇了其中一間三人房，房門上掛著巴爾（Jean Bart）船長的肖像，放下行李後迫不及待地往生蠔餐廳奔去。並趁著「魔術時刻」（Magic Hour）在海邊拍下了一些美麗的照片。

我們各吃了八個生蠔，滴了檸檬汁後還會蠕動的生蠔，味道極為鮮美，我還吃了鴕鳥肉當主菜、喝了半瓶白酒，以及香濃的巧克力慕斯甜點，就著窗外美麗的海景，看著隔壁桌一個男人為了討好他的女人而點的香檳和海鮮大餐（兩打生蠔、兩隻大螃蟹、蝦……），我覺得能有美味的關係真是一種幸福。

回到Le Petit Porcon，我們在壁爐前的沙發上，像家人享受天倫之樂一樣地聊天，並在留言簿上簽下到此一睡的筆跡，我寫下了裡面唯一的中文，丹尼和凱文寫下唯一的

註一｜地址：
Le Petit Porcon
地址：35350 St Meloir de Ondes
網址：www.membres.fr/lepetit-porcon

雷恩的「沙發」。熱情的沙發主人佛列德列克一口氣收留了我們四個人。

英文，感謝主人的用心，讓我們在寒冷的冬夜裡感受到家的溫暖。

然後才又開車經過下雨、下雪、下冰雹的高速公路回到巴黎。

直到現在，我還不敢相信我們當時不帶地圖就開車去陌生的地方旅行，但是看情形，丹尼和凱文還是會繼續這樣旅行下去，或許又看到哪張歐洲美麗的風景照片，然後決定無論如何也要開車到那裡。不過，這趟旅行讓我愛上了法國西部，尤其是那裡淳樸、和善、好客的人們，希望等天氣暖和時還有機會再去拜訪，而且我要待久一點，並帶上地圖。

雷恩‧聖馬洛‧埃特達

再度踏上往聖米歇爾山之路已經是五年多之後的事了，我的法文雖然沒有呱呱叫（我也不會這麼做，我會好好地說），但應付生活上的對話已經沒問題，而且已經幾乎可以說是在歐洲旅行成精了。

這次旅行的夥伴是我的國小同學、她姊姊和男友，以及GPS！我們相約在布列塔尼的首府雷恩（Rennes）碰面，決定先在那裡住上一晚，再租車往聖米歇爾山出發。

「我們會有四個人，我不奢求有人可以同時收留我們，如果你們可以提供便宜的住宿訊息和當地人才找得到門路的好餐廳資訊，我將感激不盡。」我在沙發客網站上發出這樣的求助訊息。

1

2

3

4

5

1｜聖馬洛的露天跳水台，美得讓人義無反顧跳下去。

2｜迪納的泊船港，陽光下船隻點點，給人遠颺的想望。

3｜聖馬洛的海邊，退潮的時候可以走到對面的小島。

4｜雖然有點殘忍，但我還是忍不住吃了一打生蠔。

5｜健行到埃特達的斷崖上，俯瞰壯闊的天地，氣勢驚人。

6｜迪納的海邊。你應該知道我想泡進去。

6

結果竟然有兩個人回信給我，願意收留我們四個人，其中佛列德利克還說最道地的食物來自他家廚房，願意為我們煮上一頓豐盛的晚餐，要把布列塔尼的美食和好客的熱情介紹給來自遠方的我的朋友們。不用想也知道，我為了吃，不做三思就回信跟佛列德利克說兩週後見！

佛列德利克打破了我對「冷漠的法國人」的成見，由於我和朋友們抵達的時間不同，他兩次到車站接我們，還協助我們租車，甚至用他的信用卡先幫我們付錢，再開車載我們去取車；我不想太占便宜，請他別做飯，帶我們去吃布列塔尼有名的可麗餅，先吃鹹的再吃甜的，還喝當地產的蘋果酒，算是認識了道地的飲食文化；住在他家很舒服，他還出門去買剛出爐的可頌當我們的早餐。

當晚我還收到另一個布列塔尼的沙發客給我的留言，說他在聖馬洛（Saint Malo）附近的農莊有十六個房間，歡迎我們去住，而且建議我們待久一點，因為他有船還有馬，我們可以在他的農莊從事很多有趣的活動，天氣好的話，他還可以帶我們出海！讀到這裡，我們痛恨自己已經訂了民宿、付了錢，而且只計畫了五天的行程。不過我跟這位沙發客說，我一定會去拜訪他，而且一定買大送小地帶上家人和朋友。

再次來到聖米歇爾山之前，我們先去侯麥（Eric Rohmer）曾經拍過〈夏天的故事〉的主要場景發生地迪納（Dinard），又到聖馬洛的海灘走潮退後的沙地到旁邊的小島，這些我沒有花篇幅詳述的地方，都是觀光客必訪的美麗布列塔尼小鎮，別說我沒講「不去會後悔」這句話！接

聖馬洛一間教堂的內部。陽光從鑲嵌玻璃照進來，給人無限幻想。

吉維尼（Giverny）的莫內花園，讓人彷彿在看一幅動態的印象派畫。

著我們去孔卡爾吃了三打生蠔，這當然也是不容錯過的行程。最後在聖米歇爾山對面的民宿住上一晚後，才在隔天早上觀光客團體未到之前，進去參觀了著名的聖米歇爾修道院，完成了五年多來的心願，還吃了普辣媽嗎著名的蛋餅。其實在加入沙發客網站的「布列塔尼」族群之後，我才從該族群舉辦的活動訊息裡知道另一個遊聖米歇爾山的方法，就是趁退潮的時候踏浪過去，出發地點就是我們下榻的小村莊，沙發客們有時候會集體請私人嚮導帶領這樣的行程，當然這又是我的「下一次」了。

對我而言，這趟旅行的重點，除了重回聖米歇爾山之外，最大的目的其實是諾曼地的埃特達（Etretat）斷崖，那也是我因為曾經看過的一張照片而許下的願望，我把照片寄給國小同學後，他們也馬上受到吸引，決定跟我去一探究竟。基本上說來，這趟旅行為的也是一些風景照片，我從網路上挑選了一些照片給朋友們看過之後，我們的旅遊計畫就擬定了，我們就是要去照片上出現過的這些與那些地方。

埃特達位於諾曼地北部海邊，有美麗的海灘和令人屏息的斷崖，說是令人屏息一點也不誇張，因為我差點為了要去拍一張「沙發客坐在懸崖峭壁頂端抬腿」的照片而跟世界說再見，其他人則是嚇得根本不敢靠近那塊幾乎懸空的巨石，它離地面至少一百公尺，位於削直的懸崖上，坐在上面，即使不用張開雙臂，都會有一種即將乘風而飛的奇妙感受。我知道這美景將深深烙印在我心裡，當我自覺藐

埃特達斷崖的夕陽有強烈的戲劇效果，看到櫻花會想切腹的日本人來了可能會跳下去。

小、深感壓迫的時候，只要閉上眼想到它，就會頓時感到豁然開朗（然後怕掉入懸崖而嚇得張開眼睛，重新面對現實世界）。

這趟五天四夜的「按圖索驥」之旅在去了莫內的花園和夏特爾（Chartres）的大教堂以及凡爾賽宮之後結束。雖然很多地方我都已經去過，但是因為有小學同學同行，在這趟旅行中，我們度過了非常愉快的時光，即使曾經數次引發我無數的鄉愁，卻因為多了童年的回憶而讓我分外珍惜，內心充滿感恩。

關於「看到照片就去旅行」這件事，其實因為不同的心情也會有不同的感受。我曾經在看到某某照片或明信片之後，就開始對該地加以想像裝飾和點綴，未到心頭恨不消，直到終於到了該地，反而有「廬山煙雨浙江潮」不過爾爾的慨嘆。近年來我慢慢學會了細細欣賞，看到照片的驚豔和親身接觸的感動，其實是有層次上的不同，看到照片只能有視覺上的刺激，親臨其境則會有更多的感受；就像聖米歇爾山，遠看就像明信片上的美景，不禁要發出「哇」的讚嘆，走近之後則會因為親眼看到潮汐的漲落形成的不同景象，和感受到修道院內的某個角落某個修士百年前留下的嘆息，而覺得與這個地方有了更親近私密的關係；埃特達的壯觀應該是看到照片就可以想像的，然而要真正感受到大自然神奇的力量，則必須親自去站在斷崖下、爬到斷崖上俯瞰，才能有更深切的感動。我當然在這些地方都拍了很多照片要與人分享，但是如果要體會我所有的感動，非得親自走一遭不可。

夏特爾大教堂是法國最著名的教堂之一。

那麼拍照有什麼意義呢？反正再怎麼高超的攝影技術也無法全然表達實地實景的真美！不過，至少美麗的照片會給旅人鼓勵，讓他們興起「到此一遊」的動機。像我就很不適合看旅遊雜誌，因為我看到哪裡都想去！這麼說絕對沒有禁止人寄明信片給我的意圖，相反地，我總是會在收到來自遠方的明信片的當兒，高興得像要飛上天，然後再藉由想像神遊一番。當越來越少人寫信或郵寄明信片之後，現在，我總是會寄明信片給自己，旅行結束後在家中收到自己從遠方寄出的明信片，都會在我閉上眼睛後，讓旅行過程中的美好經驗——浮現腦海，有舊地重遊般的感受。一段由明信片開始，也以明信片結束的旅行，讓我在很久很久以後都還能再憑著明信片細細品味。

埃特達海邊。兩邊各有一條健行路線，風景迷人。

澎湖特殊的景觀和人情，讓我時時想念。Photo by 林建川

印象最深刻的一次旅行 Jian Juin Ao

記憶深處印象深刻的旅行可能不是來自難得一見的美景，而是人、事、時、地、物交織綜和而成的巨大感動。

常常有人問我最喜歡的書是哪一本？最喜歡的電影是哪一部？最喜歡的料理、城市、音樂……？其實對於「最……什麼」的問題我總是沒有標準答案，因為我看事情的態度沒有什麼比較級，對於我喜歡的事物與我的人生經驗哪怕只是跟某某人的萍水相逢，我都同等珍惜。

不過，如果有人問我：旅行過那麼多地方，對哪裡印象最深刻？我會很認真地去想這個問題……

我曾經在吳哥窟深受感動，待了五天不想走；在伊瓜蘇瀑布下激動得差點想哭，還當場翩然起舞；在美國大峽谷被眼前景象震驚得說不出話來；在祕魯的馬丘比丘因體驗到身體感應天地間能量而不能自已；在尼加拉瀑布下覺得此身了無遺憾；在撒哈拉沙漠看到綿延無盡的沙丘而當場流下眼淚；在希臘被愛琴海的美所媚惑而縱身一躍摔裂了腳跟骨；走過歐洲極西羅卡角、到過美國最南端的西嶼（Key West）、在北極圈看過午夜的太陽、在波蘭深入地底看鹽城；我曾經在蘭嶼潛水捕大章魚、在邁阿密航海、在法國香檳區開飛機、在摩洛哥騎駱駝、在埃及沙漠裡騎馬……這一切的一切，跟很多簡單的小旅行一樣，都讓我難忘。

可是，在我心裡，其實有個「永遠的第一名」。

那年，我十八歲。

我的一個高中同學是澎湖人，來自對當時的我而言宛如天

澎湖的離島上，海水湛藍，寧靜的海灘上曾經有過我無數的歡笑。Photo by Albert Kuo

涯海角的將軍澳嶼。有一天他問我想不想跟他家人回鄉探親；我想不想是不用問的，要問的其實是爸媽同不同意！爸媽答應不久後，我就出現在澎湖燦爛的陽光下。

我在出發前還特地去買了一條游泳褲，一直被父母以安全為由禁止游泳的我當時根本還不諳水性（不知是先民唐山渡海親友罹難的遺傳噩夢、還是日據時代海禁的結果，海一直是我族人的禁忌），卻買了一件在那個年代絕對受人矚目的小泳褲，非常節省的布料上印滿了各種顏色鮮豔的熱帶水果！宣布了我縱情無拘的旅行的開始。

我們剛好遇到滿月期的大潮（海水每日漲落兩次，白天為潮、晚間為汐），可以踏浪到員貝嶼，澎湖人用海裡就地取材的珊瑚石在潮間帶築成小堡壘，受我們踏浪驚嚇的魚剛好可以進去躲避，捕魚人於是有了當日的漁獲，這是當地人利用大自然、與大自然共處的好例子，我很幸運在澎湖的生態還沒被濫用破壞之前有了這個經驗。

我們去了在當時還沒被過分開發的吉貝嶼。綿延的白沙、潔淨而近處碧綠遠處湛藍的海，讓我們拍下了不少可以為青春留下美麗回憶的照片；後來去了泰國、美國、澳洲、印尼等地的海邊度假勝地，都覺得沒有吉貝嶼來得美。

從馬公、經白沙、到西嶼，一路上風景原始、民風淳樸。乘坐同學父親的船到達了將軍澳嶼。在船上真正體會到海的廣闊、深邃、充實、波瀾，實現了我長久以來在海上航行的夢想。

1

2

1｜海浪拍打著岸邊的石頭，彷彿在訴說著海上的故事。Photo by Albert Kuo

2｜澎湖的夕陽曾經給過我極度幸福的感覺，是我心目中最美的夕陽之一。Photo by Albert Kuo

3｜澎湖人為了防風而砌的咕咾石牆，是當地特殊的人文景觀，偶爾會在我夢中出現。Photo by Albert Kuo

4｜船抵達將軍澳嶼所看到的景象。海天連接處，就是幾乎被人遺忘的將軍澳嶼，卻是我常常想念的地方。Photo by Albert Kuo

3

4

當時因為島上水資源有限，將軍澳嶼並沒有每天供水，浴室裡擺著大大小小的容器裝滿了水，那是要拿來喝、烹飪用的，一點一滴都不能浪費。剛剛從海邊玩了一個下午、想洗去身上鹽味的我們於是到廟前的井邊洗澡，從井裡打上來的水清涼透徹、消除了所有暑意，一群大男孩圍在井旁共浴的畫面至今猶歷歷在目，

我們晚餐吃的海產是同學的父親剛剛捕獲的，同學的母親精湛的廚藝更是為新鮮魚貨加分，以前因為怕魚腥味而總是被母親逼迫才願意吃魚的我，從此愛上新鮮海產。

因為限水，住在島上的時候，我們總是在廟口的井邊洗澡。**Photo by James Kuo**

同學老家房間不夠，天氣又好，年輕的男孩們晚上就睡在露天屋頂。天地吾廬。

躺在屋頂上，睜開眼就可以看到滿天星斗和銀河，我們雖然有著玩了一整天的疲憊，卻還是很興奮地在沒有光害的小島上數著流星。

「我從海上來，帶回航海的二十二顆星，你問我航海的事兒，我仰天笑了。」

我一直愛鄭愁予的〈如霧起時〉這首詩的開頭。再累也要數到二十二顆流星才肯睡，而這個願望不到一小時就達成了，我於是滿意地微笑著沉沉睡去。

半夜被雨絲輕敲醒，張開眼，看到圓滿的月光在天際映照出一道黑夜銀虹，我這輩子只見過那麼一次（就跟陽光映照出彩虹的原理一樣，我親眼目睹了明亮的滿月光所映照出的單色銀虹）。我一直看著看著，捨不得再睡，心裡一直念念不忘白日的海洋，有著屈原說的「下崢嶸而無地

兮，上寥廓而無天。視儵忽而無見兮，聽惝怳而無聞。超無為以至清兮，與太初而為鄰」的感受。

隔天再次跟同學的父親出海捕魚，行經無人島，我們一群大男生決定上去探險，同學的父親於是把我們丟在島上，自行去捕魚。島上雖然只有一堆海鳥大便和無數的海膽，我們仍然玩得很高興，年少的我們無憂無慮、容易滿足，我甚至有了第一次海灘天體經驗，真是一個年少輕狂，反正島上沒人，海鳥也不懂得告密。我們一直玩到同學的父親開著載滿漁獲的船來把我們撿回家。當晚又是鮮美的一餐，我吃到很多沒見過、不知名的魚，滋味至今難忘。

短暫的假期結束，我們帶著無數的歡樂離開，沒有太多的離情依依，因為那時候我相信，這麼棒的地方，我一定會常回來。

很多很多年過去了，我沒有再回去過將軍澳嶼。
同學的父親母親小阿姨……一切的一切我都還記得。
在那個我還不懂愛情的年月，那一趟充滿親情（同學的母親幾乎視我為己出）、友情、歡笑、陽光、海、魚……與流星的旅行，是讓我印象最最深刻的美好回憶。

如果有人問我：「去過那麼多地方，心目中的人間天堂是哪裡？」我可能會回答「峇里島」，但是我心裡很清楚自己曾經去過的私密天堂，其實是「將軍澳嶼」，因為那裡有著真正讓我魂牽夢縈、常常思念的最美好回憶。

船，總是讓我想遠颺。我甚至曾有當船長的志願。「可是你很會暈船耶！」我記得當時同學的媽媽這麼說。Photo by Albert Kuo

昨日當我年輕時的那次海洋之旅，喚醒了我心中所有「壯遊」的想望。Photo by James Kuo

聖賈克朝聖者之路自古以來就存在，現在，因為沿路景觀豐富、美不勝收，除了朝聖者之外，許多喜歡在大自然中健行的人也會踏上這段旅程。

朝聖之路 Saint Jacques Compostelle

旅行是一個尋找自我身分認同的過程。

克里夫到我家來當沙發客,他是我所認識的第一個拿到聖賈克朝聖之路證書的台灣人。稱這個講一口標準加拿大英文的年輕人為「台灣人」,因為這是他在一個月的行走之後所得到的答案。

克里夫在台灣高雄三德西街出生長大(我念高中的時候也住過那條在母校旁邊的街),十二歲跟隨父母移民到加拿大,從此沒踏上過台灣的土地。在加拿大住了十二年的他早就已經拿到了加拿大籍,但是他一直有「身分認同」的危機,當有人問他是哪裡人的時候,不知道該回答台灣人還是加拿大人,因為他已經不認識台灣、也覺得自己不像其他加拿大人;於是他決定踏上聖賈克朝聖之路,藉由行走與思考,發現內心的自我認同。

聖賈克朝聖之路(Chemin de Saint Jacques Compostelle),這是自中古世紀以來就存在的路,有很多條路徑,最經典的一條是從歐陸各地出發,到法國與西班牙邊境的 Saint-Jean- Pied-de-Port 會合之後,越過庇里牛斯山,繼續行走西班牙北部山區,直到鄰近西班牙最西角的Saint Jacques Compostelle(西班牙稱為Santiago de Compostela),成功完成長途行來朝聖的人,在通過了Saint Jacques Compostelle教堂的門之後,罪可以獲得赦免。自中古世紀以來,已經有無數的朝聖者走過這條路。

我的沙發客克里夫和他的聖賈克扇貝殼。他剛剛結束朝聖之路的尋求自我認同之旅。

朝聖之路上風景優美，會經過許多
靜謐的小村莊，以及小巧的教堂。

我不是教徒，對朝聖也沒興趣，更不覺得自己有什麼罪會
在通過什麼門之後被赦免，但是我一直想去那條路走一
遭。

第一次聽到這條朝聖之路是三年前去法國西南度假時，同
行的法國朋友向我提起的，因為我們當時正在餐廳吃美味
的聖賈克扇貝，我當時還因為知道在現代西方這個進化的
社會，還有很多人做長途行走朝聖這件事，而驚訝得差點
把口中的扇貝吐出來！後來還真的在各地旅行時，常常看
到教堂裡有聖賈克扇貝的標誌，知道那些是朝聖者會經過
的教堂，也真的看到有人掛著個扇貝在路上行走，原來除
了西藏朝聖者以及台灣隨著媽祖繞境的信徒之外，歐洲也
有很多信仰堅定的朝聖者呢！

我每年到法國西南度假的時候，都會跟自己說，有朝一日
一定要踏上這條朝聖者之路，走它一個月看看，為的不是
宗教的理由，而是覺得那裡的風光真美，適合健行；我在
法國西南和西班牙北部拜訪過的許多迷人小鎮都在這條路
線上，其中還包括西班牙奔牛城潘普洛納，如果剛好在奔
牛節的時候經過，覺得走路走得不耐煩了，還可以去跑給
牛追，存活下來了再繼續走；而且一直走路一個月，也不
失為一種修身養性平心靜氣禪定的好方法。事實上，在歐
洲還真有不少年輕人這麼做，為的也不是宗教理由，而是
把它當成是一段健行假期，並且透過這個辛苦的磨練，來
證明自己的生命韌性。

「聖賈克之友」的標誌是一個聖賈克扇貝的圖案。我在很多地方都看過，包括德國與奧地利，表示有人從那裡走到西班牙！

從Saint-Jean-Pied-de-Port走到Saint Jacques Compostelle（西班牙稱為Saintiago de Compostela），需要一個月的時間，有些人從瑞典、德國、義大利，甚至蘇俄的聖彼得堡開始走，大概得走一輩子！克里夫告訴我，在健行途中他遇到不少德國人，其中一個從法蘭克福出發、已經走了四個月！

這是一條歡迎所有人的路，出發前，在任何一間聖賈克之友的教堂登記領到一張類似護照的證件之後，就可以開始漫長的行走，每天都有一定的里程要走，走到下一個教堂蓋章，直到最後蓋滿章確定走完該行程，就可以領到一張證書。通常白天很早就開始走，晚上睡在一路上特別為朝聖者設置的廉價客棧或教堂，三餐自己解決（一路上有些餐廳會推出較便宜的朝聖者套餐，也可以自己準備三明治之類的），走著走著，可能會跟萍水相逢氣味相投的人變成朋友，也可以只是一個人孤單地行走。一路上風景優美，還有河可以跳下去游泳，當然不能縱情在河裡待太久，因為最好在天黑之前走到下一站。有時候也可以加快腳步，一天走兩站，走慢一點的人會比較麻煩，客棧和教堂通常也不允許朝聖者一直待下來，通常早上八點以前就得離開，繼續走路。

這條一九八七年被聯合國教科文組織納入世界文化遺產的朝聖之路，數百年來已經有數不清的人走過了，現在更是與觀光結合，被設計成一條另類旅遊路線，為的就是沿途優美的風光，迷人的小鎮小村莊、大大小小歷史悠久的教

我幾乎每年夏天都去度假的Sauvet-erre小鎮，也是位於聖賈克朝聖之路上，我對這條路的興趣可以說是由這裡開始的。

朝聖之路 Saint Jacques Compostelle

一路上都有清楚的指標告訴你方向，以及還剩多少路要走。像這裡就說距終點859公里，距起點851公里，你自己決定要繼續還是放棄。

堂、大自然中的山川花草樹木……吸引越來越多人來走一遭。有很多旅行社可以協助你走完聖賈克朝聖之路，或把這條路線納入他們推出的度假方案中，甚至還有專為殘障者設計的行程。我跟我的法國朋友蘇菲提起我想去走的時候，她說她也要去，但是她要租一隻驢子來幫她扛行李，這讓我想跟她一起去，她的驢子可以幫我扛一些食物，以避免我健行時，還沒走到餐廳就餓昏的慘劇發生。所以有興趣來這條風光明媚的道路走上幾天但又怕吃苦的人，其實可以不用太擔心，不是每個人都必須像苦行僧一樣艱苦行走。從克里夫給我看的照片中，就有人以騎腳踏車代步，說實在的，這還真是一條適合騎單車的路線呢！可是騎腳踏車應該就拿不到「結業證書」了，至於罪會不會被赦免，決定權在自己心裡。

克里夫經過了一個月的行走，終於抵達Compostelle的聖賈克教堂，甚至因為他走得比較快，途中還離開公訂路線去參觀其他城市再回來繼續走，還是提早兩天到達終點；出示他蓋滿章的「護照」之後，他拿到了證書。他輾轉來到我巴黎的家的時候，鞋子褲子都走破了，一個小背包裝了他兩個月以來旅行的所有家當（他之前先在歐洲搭便車旅行一個月，才開始行走聖賈克之路）。幸好他拿到抵達朝聖路終點的證書之後又在西班牙玩了一個多禮拜，已經有點回到現實世界了，否則我可能會認為他是什麼仙人或不折不扣的流浪漢！

1

2

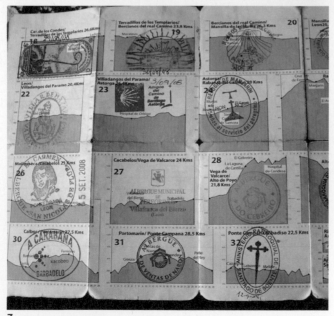

3

1｜途中會經過Burguete這個山上的小村莊，以前海明威常來這裡釣鱒魚。

2｜抵達Saint Jacques Compostele教堂後，拿蓋滿章的護照可換取完成全程的證書。

3｜每到一個聖賈克之友教堂就在護照上蓋個章。

4｜聖賈克朝聖者的扮相，最重要的是背包上那個顯示身分的聖賈克扇貝殼。

5｜聖賈克朝聖者的「護照」。

6｜護照內有路線圖，告知下個聖賈克之友教堂有多遠。

7｜勃艮地的韋茲萊教堂是朝聖之路的起點之一，從這裡走到終點大概需要兩個半月。

4

5

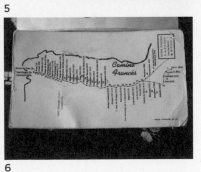

6

7

我們聊了很多關於他行走聖賈克之路的經驗，他在南美洲的旅行，他對台灣的回憶，以及他一直以來的身分認同問題。

他覺得我像是個四海為家的人，所以也問了我關於我的身分認同的問題。我跟他說我把自己訂位為「世界人」，如果硬是要分民族種族國籍，我會說我是台灣人，永遠都是。

如果有人問我：「Where are you from?」（你從哪裡來？）

我會回答：「I am from my mother.」（我從我媽媽那裡來。）

潘普洛納也是朝聖之路必經的城市，奔牛節的時候如果走到覺得無聊了，還可以跑給牛追，存活下來之後繼續走。

聖賈克之路是我一直想去走卻一直沒有勇氣去做的事，跟克里夫長談之後，我決定明年要去走一遭，不過我會從西班牙開始走，走兩個禮拜的行程，聽說這是可以拿到證書的最短行程──要被赦免罪行可不是搭個飛機通過赦免之門就可以的，你還得虔誠地走路！我同時還想我的背包裡可能得帶上假髮和化妝品，以便偷懶的時候化妝成另一個人，在同一間教堂多待一天！能不能得到赦免我不管，能在美麗的風景裡走上兩個星期，應該會讓我找到一些人生的意義，即使沒有也沒關係。這還是考驗個人耐力和體力以及毅力的過程，聽說在西班牙有不少人會把這個經驗寫上履歷表，而且有些公司還真的會把這個履歷作為重要的參考，為的不是宗教的信仰，而是因為這個年輕人已經通過了毅力的考驗，有證書可以為證！

對這條朝聖之路有興趣的人，可以從下面這個網站找到相關資訊：
www.santiago-compostela.net/

克里夫秀給我看他的證書和行走路線圖，告訴我很多一路上發生的趣事，以及萍水相逢的人；他覺得這一個月的行走讓他從男孩變成男人，覺得自己成熟了不少。

我問克里夫：「所以最後你決定自己是什麼人？」

「台灣人。」他很確定地說，並且在跟我的短暫相處之後，決定要很快地回去台灣看看。

朝聖之路有時會經過不毛之地，是一項對意志的考驗，你也可以把它視為親臨特殊景致的喜悅。

雖然沒有一看就可以認出的地標，不過這是我所居住的巴黎，我常常會以「旅行」的心情，

重新發現它的美，享受在自己的城市旅行的喜悅。

旅行不一定要在他方，只要心情對了，不用出國，在自己家附近也可以享受「旅行」的樂趣。

旅行的意義是什麼呢？旅行的時候我們都做些什麼？旅行後會有什麼收穫？

我酷愛旅行，所以一直「在路上」，幾乎每個月都要「出國」走一走才高興。但是二○○七年秋天在希臘摔傷腳跟骨的一場意外，讓我接下來的半年幾乎都只待在巴黎。然而腳傷限制得了我的身體，卻阻止不了我愛旅行的性格，儘管有著醫生的勸阻，我還是「發現了」「在自己家附近旅行」的樂趣。

「在自己家附近旅行」的說法好像有點牽強，但執行起來卻是既簡單又樂趣無窮。

說是要去旅行，當然不能像平常日一樣隨隨便便就出門，我可是做好了所有旅行的準備：相機、地圖、旅遊指南、水和簡單零食，連穿著都是一身輕便，就好像真的在拜訪一座新的城市一樣。

最最重要的是「心情」。

於是，懷著一顆好奇的心，在一個有陽光的午后，慢慢地、仔仔細細地，我重新發現了我家附近的美。走進原本幾乎每天都會匆匆經過的印度商店，發現裡面竟然販賣著頗有趣的東西，在印度香料、食材的環繞下，逛一家印度商店就好像到了另外一個國度一樣；多次過門而不入的小教堂裡面莊嚴無比、巨大的空間讓我感受到無比能量、虔誠祈禱的老婦令我動容，我其實有點累了，就雙手合握撐

這是我居住的環境，可以借你睡的沙發就在其中的一棟公寓裡。

成立於1761年的「À la Mère de Famille」是巴黎最老的甜點店之一，裡面不但可以買到來自法國各地的特產，其自製的巧克力也很有名，包括「國王餅」（galette des rois）等數種產品還得過金牌獎。（www.lameredefamille.com）

我家對面的小公園，可以看到人生百態。

他們說巴黎第十區的區公所是全巴黎最美的。

住下巴，假祈禱真睡覺；然後走到我家對面的小公園，裡頭上演著人生百態：老人玩滾球、年輕人打桌球、有人玩牌下棋看書看報溜狗和小孩；仔細觀察樹木，唉呀真是蒼茂挺立勁拔雄渾……看到大家閒閒地曬太陽，自己都覺得很放鬆；旅遊指南上詳細說著我家旁邊那座聖丹尼城門的歷史典故，並指示那個離我咫尺的工藝博物館是個極精采值得造訪的地方；我甚至還「邂逅」跟我比鄰而居已經兩年的美女，初遇相談甚歡後，相約改天一起做甜點喝下午茶……我走進第十的區公所，據說這是全巴黎最美的區公所，門面綴滿雕琢精細的藝術傑作，果真美麗，裡面剛好有個現代藝術展，一個阿婆看到我在拍照就跑過來跟我聊天，她說現代人的眼光令人不解，呈現在我們面前的那坨東西不叫藝術，而應該叫做「浪費納稅人的錢」。我這趟短短的旅行，範圍並不大，卻拍了很多美麗的照片，自己看了都不太相信那就在我家旁邊，是曾經被我匆匆忽略無數次的風景。

第一次做這樣的旅行，路途很短，時間很長，收穫很多，我幾乎馬上就上癮了。

於是，我又在自己家附近旅行了很多次，每次選擇不同的路線，每次都會有新發現、新驚喜，所有旅行中會有的樂趣和喜悅，幾乎都能在自己家附近找到。我發現我家附近有巴黎最窄的房子，只有大概一公尺的寬度，它還是個兩層樓的建築，不知道裡面要如何放置樓梯，而住在裡面的會不會是小人國來的異類？還有一條全巴黎最短的街！

詩人波特萊爾把「flâneur」（晃遊者）定義為：「為了真正感受經驗生活而在城市裡行走晃蕩的人」。一座城市的美，來自於我們的實際遊走、細心觀察。

3001 旅行的定義　L'esprit de voyage

rue des Degres有街名卻沒有門牌號碼，因為太短了，全長只有十四級階梯，真搞不懂這樣短小沒門牌號碼的小階梯幹嘛給它街名呢？沒有人會說自己住在那條街上，郵差也不用去送信啊！

我還發現了我家附近的很多商業行為，賣自己烘焙的咖啡豆的小店老闆是個咖啡專家、義大利食材店是很多餐廳大廚光顧之地、藝術電影院裡有專為兒童放映的場次⋯⋯我也試著去附近的小餐廳吃飯，而發現幾家美味又便宜的小吃店，並且藉由品嚐不同的國際料理，讓味覺把我帶到更遠的印度、土耳其、摩洛哥去旅行。

以前我總是刻意迴避的樓下妓女們的眼光，在我與她們正視之後，發覺還真是親切。她們對我輕輕吐出的一聲「Bonjour!」沒有挑逗只有善意，讓我忽然覺得人間有溫情；大概是她們已經太常看我匆匆走過，知道我是鄰居而不是恩客，早就準備好要給我和善的問候，只是以前都被我的刻意迴避而忽略了。

「Bonjour! madame!」我也一一善意回應，然後她們打從心裡開懷地笑了。

腳傷漸漸好轉之後，我的旅行範圍慢慢擴大，有時，我在家附近的旅行也會有旅伴，就是來住我家的沙發客，我帶著他們「旅行」了我的社區、我所居住的城市；我們去了一些一直存在而我以前卻沒想過要進去的博物館，那些觀光客千里迢迢專程跑來參觀而近在咫尺的我卻從來沒去過的地方，其實還真藏有不少有趣的東西；即使是我

只要心情對了，細心地注意到自家街口轉角的新塗鴉，都會有發現新大陸般的欣喜。

離我家不遠的公園裡，因季節不同，園丁會種上不一樣的植物，我只要停駐仔細欣賞，都會覺得好像去了別的地方旅行。

我家隔壁街上的咖啡專賣店，我總是受到他們自己烘焙的咖啡豆飄出的香味所吸引；店門口還擺了一台可愛的咖啡車，客人可低價試喝，滿意了再買。

已經去過的地方，都會因為再次造訪的時間不同，而有不一樣的發現。例如詳讀老街蒙特鳩街上某些建築前立的招牌，我知道門牌號碼第六十一號的「Le Rocher de Cancale」是巴爾札克在《人間喜劇》這本書中常提到的餐廳；第五十一號的「Stohrer」成立於一七三○年，是巴黎第一家甜點店，走進一看，十九世紀的天花板被保留了下來，買了幾個馬卡龍（Macaron）和波爾多的可麗露（Canelé）真是好吃；一條小街就有很多風景，每次經過，都好像看到不停搬演的不同人間戲劇。我終於領悟到放鬆心情、放慢腳步後更能察覺事物美好的一面，曾經被我忽略的小廣場雕像或甚至只是簡單的街頭塗鴉，都能帶給我去知名美術館看藝術品一樣的感動。原來，用「旅行」的心情重新發現自己所居住的城市，可以是這麼一件美好的事。

我偶爾也會約好友出遊，享受少有的結伴同行的樂趣，尤其是終於有人可以幫我拍「到此一遊」的照片（這種事對我而言，獨自旅行的時候還真不容易辦到，不是不好意思請陌生人幫忙，就是怕問到壞人拿了我的相機就跑）。有一次拿拍好的照片給其他朋友看，他們都不相信那些地方就在我們所住的城市！

「你們去了上海嗎？」看完照片後朋友問，他覺得那異國情調真美。

「不，親愛的，那是離你家五站地鐵之遙的『寶塔電影院』！」

1

2

3

4

1｜一個住在艾菲爾鐵塔旁的朋友說她每天看那塔，已經沒有任何感覺，我卻相信如果以不同的心情一再欣賞，還是可以看出它的美。

2｜誘人的甜點，光是仔細看都覺得幸福。

3｜平常只是匆匆經過的甜點店，走進仔細看，裡面的古老裝潢真是宜人。

4｜這是巴黎的藝術橋，它可以只是一座某人過河用的行道，也可以是另一個人心目中最美的橋。

5｜只要懷有浪漫的心情，你的城市也可以像情人眼裡一樣浪漫。

6｜我家附近的小餐廳，有一天我也要像觀光客一樣，去嚐嚐廚師的拿手料理。

5

6

當然你也許會說，因為我得天獨厚住在很多人嚮往的巴黎，這裡美景很多，「旅行」起來當然有比較多的樂趣。但是我必須承認，如果我沒有這幾次「在自己家附近旅行」的經驗，我幾乎都要忘記巴黎的美了，大家都夢想要來拜訪的地方，我卻常常想離開它到別處去旅行，以為真正的生活永遠在他方。

我回台灣拜訪父母的時候，也試著用這樣的心情在家裡附近旅行了一次，爸媽住在高雄縣大寮鄉上寮村這個沒什麼人聽過的小村莊，再怎麼迷路的觀光客也不可能誤闖，在那個我一直覺得鳥不生蛋的無聊地方，我這次竟然覺得旅行起來樂趣無窮，連小城隍廟都讓我流連忘返，拍出來的照片讓我的法國朋友們看過之後，都把上寮村列為他們亞洲之旅的必訪之地！這讓我想起了曾經有個比利時朋友來到我爸媽家附近的包公廟，驚嘆於台灣建築之美，拚命拿起相機拍照，還問我很多關於木雕、榫接、雕梁畫棟的問題，原本被我以為很無聊的廟宇，因為看的人心情不同而有了不一樣的風景。原來住在包公廟旁邊的人可能不知道大寮鄉上寮村其實一直很美麗。

你上次去故宮是什麼時候呢？距你家最近的那間廟你認識嗎？你家隔壁的商店有沒有新貨上市？你的鄰居你都認識嗎？你所收集的照片中有幾張是在你家附近拍的？

有人告訴蘇格拉底，有一個人去旅行之後並沒有長見識，

我以前不屑去的大寮包公廟，因為我的法國朋友認為它美而發出驚嘆，我才開始覺得它還真的呈現了某些台灣建築的特色呢！
Photo by 林建川

原本只有一扇窗戶的單調牆面，因為巧思畫上的壁畫，感覺好像是羅密歐與茱麗葉的陽台，整個豐富了起來。

我家外面的行道樹，不仔細看，就
會忽略了它何時被掛上的裝飾。即
使是它，都可以在我對的心情下，
為我的生活帶來感動和喜樂。

蘇格拉底說：「想也是，因為他把自己帶去了。」如果方式不對，去再遠的地方旅行都無法為人生帶來任何改變。反之，旅行時的心情放鬆、發現新事物的喜悅、購物、拍紀念照、與陌生人邂逅、增廣見識見聞……種種旅行會有的收穫，如果我們可以暫時拋開自己其實在家附近的想法，以好奇、學習的心情去仔細觀察周遭，那麼其實不用去太遠，在你自己家附近也能獲得旅行的樂趣。

有些時候礙於現實，我無法隨心所欲做長途旅行，但是藉由在自己家附近旅行的方式，我總是能滿足心裡想要出走的慾望，也因為更了解自己所居住的城市而更愛它，它不再只是一個「métro, boulo, dodo」（捷運、工作、睡覺）的地方，它也可以在我的閒暇時間，在我的旅遊心情看待下，成為一個百訪不厭的私密旅遊勝地。就像來我家的沙發客，常常會對我家眾多的小東西感興趣，有的甚至拚命拍照，如果我也能有那樣的好奇心情，連關在家裡都能「旅行」呢！

我旅行過不少國家，千山萬水幾乎走遍；我認識很多人、見過很多事物，有了很多的人生經驗。

有一天我卻赫然發現：我很少花時間反觀自己。

内觀之旅 Vipassana

集中注意力内觀，認識自己的所有感覺，旅行其實就存在自己的心裡。

內
觀
之
旅 Vipassana

「內觀（Vipassana）是印度最古老的禪修方法之一。在長久失傳之後，兩千五百多年前被釋迦牟尼佛重新發現並流傳至今……是經由直接的經驗去了知實相的方式……對治煩惱習氣，效果甚佳……」我經由機緣巧合讀到眾多對內觀的簡介，以及很多去參加過的人對這個內觀禪修法的極度讚揚，都說這個經驗如何正面地改變了他們的人生云云。沙發客網站上也有一個會員人數不少的內觀族群，我加入之後，常常收到誰誰誰去了哪個中心之後覺得如獲重生，急於跟大家分享的族群電郵。不過所有的說法都不及我的好朋友育青所說的讓我對之蠢蠢欲動，「十天不能說話！」

我做過很多大部分人沒做過的事，環遊世界、去北極圈捕魚、跟一個貝督因人在撒哈拉沙漠行走四天、在愛琴海小島跳崖摔裂腳跟骨之類的；我還在台灣當過兵！可是跟一群人在一起十天都不說話這件事，可是自從我會說話之後就沒做過了，別說十天，一天都沒有，我還記得我因鎖骨斷掉開刀被施以麻醉劑昏睡了很多個小時之後，忽然醒來，用台語說了一句嚇到我隔壁床的病人的話：「我要放尿！」那段昏迷時間大概是我這輩子不說話最久的紀錄了。我當時一聽育青這樣說，馬上就想參加這個禪修營，覺得這真是太酷了。而說實在的，這真的是我當初參加內觀的主要原因，我只是單純地想要挑戰自己的沉默極限，其他的我都不管，也因此報名前沒有仔細詳讀課程介紹與規定，覺得反正再也沒有比十天不說話還難的事了，我應

我參加的內觀中心位於風光明媚的勃艮地。

途中車窗外風景宜人，讓我有一種要去放鬆度假的感受。

註一｜台灣內觀中心網站：
www.udaya.dhamma.org/
國際內觀中心網站：
www.dhamma.org/

該都可以接受，而這也正是我日後受苦的開端！

內觀在世界各地有超過九十個中心（其中包括台灣）（註一），幾乎都在鄉下，接近大自然的地方；我報名參加的是法國的中心，它位於風光明媚的勃艮地，一個連法國人都沒聽過的小村莊裡。我特別把這十天安排在招待第一次到歐洲旅遊的父母來訪之後，我深深知道這時候我需要內心的寧靜。

要尋求內心的寧靜，有人選擇攤在海灘上躺五天什麼事也不做、有些人會去森林裡健行三天，而我則是選擇內觀；說真的，我參加內觀的心態是把它跟無人的海邊或深山相比，「到美麗的法國鄉下度假」的成分比「學習如何淨化內心」多。

我找到一個找人分攤油錢的法國女性同修佛姬一起開車前往，同車的還有另一個法國男人羅弘。他們都有過很多次內觀禪修的經驗，覺得這就是他們人生的道路，我看他們兩人都很正常，而且可以感受到他們內心的寧靜與祥和、以及慈悲心，心想這跟我原本有點排斥的極度熱心宗教人士不同，頓時鬆了一口氣。後來也在中心裡知道「內觀不會因為種族、背景或宗教的不同而有所衝突。每一個人都能平等無差別地獲得實際的效益。」我太晚察覺的，其實是佛姬即使遲到了還是堅持要吃個份量很大的午餐才上路、羅弘在快到目的地時特別在高速公路休息站停車吃了個超大三明治的背後因素，而這種下我在內觀中心所吃的

第一個苦頭的因子。

我們路經令人迷醉的田野風光，在傍晚抵達內觀中心，佛姬和我道別，說「十天後見」，因為在中心內男女是分開禪修的；沒想到羅弘也跟我說「十天後見」，因為即使是在一起禪修，我們也要對其他人「視而不見」！一個好心的同修主動來打招呼，可能看我瘦小而提醒我趕快趁廚房熄火前去喝一碗湯，因為沒有晚餐可以吃！這可把我嚇傻了，趕緊不顧形象去連喝了兩碗湯。

禪修中心被大自然圍抱，簡單的建築，沒有多餘的裝飾。

接著是禪修中心守則的宣布時間，我們可以在此時提出問題並獲得解答，然後簽名具結同意在十天內完全遵守規則。要做到不殺、不盜、不淫、不妄語、不飲酒，以保持身心的清淨其實很簡單；比較難的可能是之後的十天內都不能再說話了，除非有特別必須說的、或者有任何禪修上的問題，可以在特定時間詢問老師或助教，對於這點我早有心理準備，我正是為此而來的；真正讓我打退堂鼓的是「過午不食、不能寫、不能讀」的規定。為什麼「過午不食」這麼重要的事沒有人對我提起過，難道所有人都是來參加禪修減肥營的嗎？而且不能讀、不能寫（所以也不能做筆記）也太難了，這會讓十天變得很漫長！

因為沒有任何人在聽完規則與戒律之後離開，我也不好意思走（而且我正在前不著村後不搭店的勃艮地鄉下哪！），於是迫不得已地放棄了原先來「度假」的想望，留下來開始了我十天如和尚般的生活挑戰。四點起床、四點半開

這一片原野是我們被允許散步休憩的地方。

始禪修、六點吃營養早餐、八點繼續禪修、十一點午餐、下午一點繼續禪修、五點喝茶（新生可以吃兩個水果、舊生只能喝檸檬水）、六點禪修一小時、七點上錄影帶課程，然後繼續禪修至九點、十點熄燈，除了對助理老師及服務人員的必要詢問外，一律禁語，連與其他學員做目光、手勢等溝通都得避免，如此十日。

前三天我們都在做一件很簡單卻常常被我們忽略的事：觀察自己的呼吸。把我們紛亂的思慮清除，訓練自己專注於鼻孔下至上唇間的三角區域的真實感受，空氣的進出與溫度等感覺。雖然說是很簡單，做起來卻不容易，我的問題在於心裡想太多了！到了第三天我終於鼓起勇氣第一次開口說話問老師：「我對全身各部位都有感覺，為什麼就是對鼻孔下的三角區沒感覺？」問問題的時候，我因為鼻子癢而搔了一下那個所謂的三角區，老師沒有回答我的問題，只反問我為何做搔癢的動作，我說因為癢啊，「那就是一種感覺！」真是當頭棒喝，原來我對「感覺」這件事期待太多了，反而忽略了簡單的真實感受。

我本來以為禁語不難，可是第一天就有想說話的衝動，於是我去跟助教說了一句話：「可不可以請你去告訴那個黑人同修，他的褲襠拉鍊忘記關？」（那龐然大物會影響大家靜修的情緒）。

而其實我也在第二天破了戒：我不經意地對被我踩到腳的人說了聲「對不起」，這三個音把他嚇得瞪大了眼睛！

我還讓一個人也破了戒：當我半夜悠悠地進廁所時，把

正要開門出來的他嚇了一跳,「我的上帝啊!」他脫口而出,而我只能在心裡默默地告訴他:「我悠悠的身影是個美麗的錯誤,我不是你的上帝,是你的同修!」

第四天起開始進行內觀的訓練,從頭頂到腳趾,由上到下,再由下而上,觀察身上所有或強或弱的感受,以訓練心的覺知與平衡。這時候開始,一天有三次各一個小時的禪修,必須保持身體完全不動,以至於我們可以專心觀察身體的感覺。儘管在前三天的靜坐訓練中,我已經找到了一個可以保持一個小時不動又不至於太痛的姿勢,可是我還是有想摳鼻孔的衝動,當然這些慾望都是必須禁止、抑制的,我也從而學習到了只要把注意力轉移,所有的感覺都可以是一樣的,因此也可以是一樣的不重要,就像空氣從鼻子進去又出來的感覺一樣自然。肚子餓也是!
在第四天和第六天各有一個同修離開中心,可能是受不了寂寞,而我們其他人也只能視而不見,好像沒什麼事發生。我也在第四天晚上開始把肚子餓當成一種微不足道的感覺,就像有人在幫我按摩肩膀也是一種感覺,我於是可以安然入睡。

其實十天當中所學習到的禪修方法很簡單,執行起來也沒有什麼困難,它喚醒了我們的耐心和毅力,還真真讓我有種「做了某件大事、達到了某個目標」的成就感,彷彿通過了這個考驗之後,再也沒有什麼可以難得了我了。
我很喜歡葛印卡(註二)老師每天晚上充滿智慧的錄影帶

註二 |
Sri Satya Narayan Goenka,1924年生於緬甸,向U Ba Khin習得內觀禪修法,1969年開始在印度傳授這個法門,1982年開始向世界各地推廣。

內觀中心歡迎所有人來學習，不論宗教、種族、性別、年齡、行業。

課程，他總是以詼諧的方式直指我人性的弱點，往往讓人恍然大悟。

在禪修中心裡我們吃得好（廚房準備的有機素食餐飲真是美味）、睡得飽，早睡早起生活規律；雖然食量不多卻讓我更覺得健康，原來我平時真的就像我所有法國朋友說的「浪費食物」，反正也吃不胖，這樣的領悟可是我人生中的一大收穫。然而整個禪修課程中最最讓我感動的是「慈悲心」。當我們在做最後的回向時，我被中心裡所有義工的付出所感動（內觀的課程以及吃住都是免費的，中心可以接受捐款但不強迫），也在遙想欲助眾生離苦得樂的時候，感知到自己的小苦難的微不足道，我已經比太多人幸運太多了，這樣的生命應該充滿喜樂，且必須懷著感恩的心布施。在幾乎所有人都因禁語戒解除而跑到室外談天說笑的時候，我一個人獨自在禪修室裡感動得痛哭流涕。

內觀的好不是可以容易言傳的，我的經驗分享只能讓讀者知道有這麼一個流傳千年的好藥方，而這帖藥得親自服用才會見效。

當然十天之內就要體認人生無常、苦以及無我的普遍性實相並不容易，我還沒有完全達到那個境界，我甚至沒有感受到老師所說的體內真氣的自然流動，並且常常分心想很多無謂的事，譬如說我要寫信去好好謝謝在北極圈接待我的家庭、我要為我的老人劇團學生導一齣舞台劇、菲利浦十五號是個大混帳……六年前在台北南下高雄的統聯客運上那個撿到我內裝鉅款的皮包、而只把身分證寄還給我的

人，終將因為貪心而得到報應之類的。我還偷偷看到坐在
我前面三排的羅弘禪修的時候，一直自我表演「被痛毆」
的肢體劇，他一直重複著像是要閃躲別人的重擊般向左繼
而向後猛然傾身，在三排之後的我都被他這樣的舉動嚇到
了，他旁邊和後面的人竟然還能文風不動地繼續禪修！我
決定警告佛姬，回程絕對不能讓這個男人開車，他可能會
因為有他車來撞的幻覺，而把我們的車甩到高速公路外面
去！

因為自覺整個十天的禪修過程我時常分心而效果不彰，我
決定每年都要到內觀中心禪修十天，至少十天沒手機沒網
路沒有無謂的人際關係的寧靜生活，已經是人生一大享
樂；或許我會到不同的中心以假名字用新生的身分報名，
為了每天下午五點的那兩個水果（即使到後來的幾天，水
果從蘋果香蕉變成小黃桃和櫻桃，我也願意接受），我不
想只喝檸檬汁──當我這樣想的時候，你應該知道我的靜
心之境還有好長一段路要走。唉，為什麼我的人生要有這
麼多貪、嗔、「吃」呢？

經過了這十天的禪修，我的內心真的平靜了很多，胃也空
了，整個人像是經過體內消毒一般，感到很輕盈，覺得這
是我的身體最健康和最佳的狀態。最重要的是，我學習到
了在自己的身體內旅行的奧妙，藉由細微的身體觀察，把
注意力集中於身體各部位的真實感覺，我竟然有種去了某
個未知國家旅行的奇妙感受與愉悅，就像一首歌所講的：
「I've been to paradise, but I've never been to me」
（我去過了天堂，但從沒去過「我自己」！）我環遊世

界，花了很大的工夫走遍五湖四海，看了很多新奇的事物，努力去了解各種文化和風俗民情，但是我常常忘了觀察我自己。

如果說內觀的十天禪修給了我什麼重要的啟示，我想最最可貴的是它讓我領悟到：旅行，也可以是存在於自己的身體裡。

透過體內的旅行，或許你也會頓悟「人只是大自然的一部分」的道理，進而尊重並珍惜大自然。

旅行的定義 L'esprit de voyage

作　　者｜林鴻麟
美術設計｜何桂育
校　　對｜呂佳真
責任編輯｜林明月

法律顧問｜全理法律事務所董安丹律師
出 版 者｜大塊文化出版股份有限公司
地　　址｜台北市105南京東路四段25號11樓
網　　址｜www.locuspublishing.com

讀者服務專線｜0800-006689
TEL｜（02）87123898　FAX｜（02）87123897
郵撥帳號｜18955675　戶名｜大塊文化出版股份有限公司
版權所有　翻印必究

總經銷｜大和書報圖書股份有限公司
地　　址｜台北縣新莊市五工五路二號
T E L｜（02）89902588　FAX｜（02）22901658

初版一刷｜2009年12月
ISBN｜978-986-213-152-7

定價｜新台幣350元
Printed in Taiwan

國家圖書館出版品預行編目資料
旅行的定義 / 林鴻麟著. ― 初版.
臺北市：大塊文化，2009.12
320面；17*22公分
ISBN 978-986-213-152-7（平裝）

1. 旅遊文學　2. 歐洲

740.9　　　　　　　　98021559